浙江省普通本科高校"十四五"重点立项建设教材

数字创新管理

李正卫　张化尧　王飞绒　等编

中国财经出版传媒集团

经济科学出版社
Economic Science Press

·北京·

图书在版编目（CIP）数据

数字创新管理／李正卫等编．--北京：经济科学
出版社，2024.6
浙江省普通本科高校"十四五"重点立项建设教材
ISBN 978 - 7 - 5218 - 5906 - 5

Ⅰ.①数…　Ⅱ.①李…　Ⅲ.①数字技术－应用－企业
创新－创新管理－高等学校－教材　Ⅳ.①F273.1－39

中国国家版本馆 CIP 数据核字（2024）第 101253 号

责任编辑：周胜婷
责任校对：蒋子明
责任印制：张佳裕

数字创新管理

SHUZI CHUANGXIN GUANLI

李正卫　张化尧　王飞绒　等编
经济科学出版社出版、发行　新华书店经销
社址：北京市海淀区阜成路甲 28 号　邮编：100142
总编部电话：010 - 88191217　发行部电话：010 - 88191522
网址：www. esp. com. cn
电子邮箱：esp@ esp. com. cn
天猫网店：经济科学出版社旗舰店
网址：http://jjkxcbs. tmall. com
北京季蜂印刷有限公司印装
710×1000　16 开　13.25 印张　220000 字
2024 年 6 月第 1 版　2024 年 6 月第 1 次印刷
ISBN 978 - 7 - 5218 - 5906 - 5　定价：48.00 元
（图书出现印装问题，本社负责调换。电话：010 - 88191545）
（版权所有　侵权必究　打击盗版　举报热线：010 - 88191661
QQ：2242791300　营销中心电话：010 - 88191537
电子邮箱：dbts@ esp. com. cn）

P 前言
reface

　　当前，以人工智能等为代表的数字技术正以前所未有的速度发展，并以惊人速度颠覆着企业运营的惯常范式，许多企业由于缺乏数字化生存能力，正快速被数字技术卷起的大潮所吞噬，在市场竞争中迅速败下阵来。与此同时，数字技术的快速发展也给众多企业提供了重要的机会窗口，它们争相将数字技术引入企业的生产经营过程，通过实施数字创新，重塑并进一步提升了市场竞争力。数字技术的飞快发展和企业市场快速沉浮正以不可置疑的事实表明，数字创新已经成为当前数字化时代决定企业生存和发展的极为重要的工作。为此，多年来，我国从中央政府到地方政府，不断加大对数字技术和数字创新的支持力度，企业也日益高度重视并纷纷开展数字创新活动，从"互联网+"到"人工智能+"，我国各行各业正不断演绎着越来越精彩的数字创新故事。

　　为了帮助大学生和社会人士更好地了解数字创新，特别是企业数字创新，掌握数字创新的基本理论和规律，在浙江省高等教育学会的组织和支持下，我们梳理并整合了目前关于数字创新管理的相关研究成果，并结合我国企业数字创新的具体实践，组织编写了《数字创新管理》。数字创新对企业的影响是全面而深远的，它不仅影响企业产品创新的全过程，并带来新的产品或新的服务，同时，数字创新也重塑了组织外部环境并导致一系列的外部影响。基于此，我们构建了本书的框架，共包括8章内容。第1章是数字创新概述，主要介绍数字创新的概念、特点、类型和意义；第2～5章着重从创新的过程介绍数字化对创新过程的影响，包括数字化概念开发、研发数字化、数字制造和数字营销；第6章着重介绍数字创新中最为常见和最为重要的创新类型，即数字产品创新，包括数字产品、产品数字化以及数字产品创新的路径，第7章和第8章分别着重从数字生态系统、商业伦理和社会责任角度，分析企业数字创新面临的外部环境以及它们和数字创新的关系。

　　本书是浙江工业大学管理学院多位老师和研究生协同努力的成果。李正卫教授、张化尧教授和王飞绒教授负责全书的统筹、结构的搭建、内容的建构以及全书的审核，李正卫教授负责第1章和第8章的编撰，华晔博士负责第2章的编撰，戴蕙阳博士负责第3章的编撰，张化尧教授负责第4章的编撰，陈晓玲副教授负责第5章的编撰，王飞绒教授负责第6章的编撰，梅景瑶博士负责第7章的编撰，陈铁军老师参与了本书部分内容的讨论。研究生刘义峰和史纪龙同学参与了本书部分内容的材料收集和具体撰写。本书参考和整合了目前数字创新管理领域许多学者的相关研究成果，在此一并表示感谢，尽管在参考文献中已经列出了相关学者的研究成果，但是，难免会有遗漏，敬请谅解。最后，由于编撰者水平所限，书中如存在错漏和不足之处，恳请读者批评指正。

目 录
Contents

第1章　数字创新概述

📑 **学习目标**

- 了解数字创新的概念与特征
- 了解数字创新的主要类型
- 掌握数字创新的重要价值

引　例

微众银行创新数字金融服务

近年来，我国数字金融"新基建"全面提速，数字与金融的有机结合，改变了金融的行业面貌和经营模式，促进金融服务更广泛、更深入地惠及中小微企业。作为数字银行，微众银行自诞生起就依托数字科技之长服务小微企业和实体经济的发展，不设线下网点，通过线上手段服务全国的小微企业，在走数字银行道路助力普惠金融发展的领域积累了丰富的经验，并通过持续创新数字产品为广大小微企业提供更优的服务体验。

微众银行以金融科技为基础，依托数字化大数据风控、数字化精准营销、数字化精细运营的三个数字化手段，走出了一条"成本可负担、风险可控制、商业可持续"的小微模式道路——微业贷模式，化解了银行为小微企业提供服务面临着服务成本高、风险成本高、运营成本高的"三高"难题。微业贷模式打通小微企业融资服务"最后一公里"和惠企政策落地的"最后一公里"，有效降低了小微企业获得融资服务的门槛，让分散在全国各地的小微企业都能随时随地获得高质效的线上金融服务。

据了解，截至 2023 年 6 月末，微众银行微业贷已辐射 30 个省（自治区、直辖市），累计超 410 万家小微经营主体申请，累计授信客户超 120 万家，累计授信金额超 1.3 万亿元。年营业收入在 1000 万元以下企业占客户总数超 70%，超 50% 的授信企业客户系企业征信"白户"，累计有超 30 万家企业在微众银行获得第一笔企业贷款，真正做到精准滴灌中小微企业。

资料来源：郭钇杉. 微众银行创新数字金融服务 ［N］. 中华工商时报，2023 -07 - 12（4）。

数字创新作为当今时代发展的重要驱动力，正在以惊人的速度改变我们的生活方式和工作方式。为了对数字创新有一个基本和总体的理解，本章将重点介绍数字创新的概念和内涵，以及其特点和类型，并在此基础上，阐述数字创新是如何推动社会进步的。

1.1　数字创新的概念与特点

1.1.1　数字创新的概念

近年来，随着数字技术快速发展，数字创新受到了学术界的广泛关注。对于数字创新的概念，学术界对其解释各有侧重。学者们分别从不同的角度对数字创新进行了阐释，使得数字创新的内涵日益丰富。数字创新不仅是关于产品的创新，它也关乎企业运营模式变革等，可以为企业带来更多商机，并能有效提升企业的市场竞争力。

从数字创新过程角度来看，数字创新强调在创新过程中利用数字技术，提高企业工作过程的绩效。从创新过程角度来看，数字创新的内涵是利用数字技术加速完成工作任务，推动工作进程或者创新过程。通过对工作进程或创新过程的推动，数字创新可以促进传统产业的转型和升级。例如，制造业企业可以通过引入智能制造、工业互联网等技术，实现生产过程的自动化、智能化和信息化，提高生产效率和产品质量。再如，芯片企业可以通过引入 EDA 等芯片设计软件等数字化的专用工具，加快研发的速度，缩短新产品的开发周期，提升创新的工作效率。

从数字创新内容来看，随着数字创新的内涵不断丰富和拓展，数字创新可以理解为在数字技术的推动下，对产品、服务、商业模式、组织架构、管理方式等各方面的创新。这种创新旨在提高效率、降低成本、提升用户体验、创造新的市场机会以及实现可持续发展。数字创新不仅是将数字技术应用到现有的产品或服务中，更是对整个价值链的重新构建。它涉及从产品设计、研发、生产、销售到售后服务的各个环节，同时也需要配合企业组织架构、管理方式的变革，以实现更高效、更灵活、更具适应性的运营。例如，智能家居通过将家庭设备和系统连接到互联网，并利用传感器、语音识别和自动化控制等技术，帮助人们轻松控制家中的照明、温度、安全系统等，甚至可以远程监控和管理家庭设备。这种数字创新提高了家居生活的智能化水平，提供了更智能、安全的居住环境。

从数字创新价值创造来看，数字创新是指利用数字技术或数据驱动创造新的价值或提升现有价值的过程。这种创新可以发生在企业的各个层面，包括产品研发、生产、销售、服务等。数字创新的价值创造主要表现在以下几个方面：第一，数据驱动的决策。通过收集和分析数据，企业可以更准确地了解市场需求、消费者行为和其他运营指标，从而作出更明智的决策。第二，个性化服务。利用数据分析和人工智能技术，企业可以根据每个用户的独特需求和偏好提供定制化的产品和服务。第三，新商业模式。数字技术催生了许多新的商业模式，如在线零售、共享经济等。这些新模式为企业提供了新的增长机会，并创造了独特的商业价值。例如，移动支付通过将支付功能与智能手机等移动设备相结合，人们可以随时随地进行购物和交易，不再需要依赖传统的现金或银行卡。移动支付提供了更加便捷和安全的支付方式，加速了消费者与商家之间的交易过程，也促进了电子商务的发展。

可以看出，数字创新是在创新过程中采用了信息、计算、沟通和连接技术的组合，这种组合带来了新的产品或服务，提升了创新的速度和效率，改进了生产流程，重塑了组织形态，革新了商业模式。因此，数字创新不仅涉及数字技术，如区块链、大数据、云计算、人工智能、虚拟现实技术等，更为重要的是将这些数字技术应用到企业的产品或服务、组织管理、生产制造、研发工作以及价值链的各个环节，最终实现产品或服务的数字化以及生产制造等价值链活动的智能化，从而推动企业数字化变革和转型升级。

在数字创新的推动下，企业组织模式和商业模式发生了深刻的变革，从传统的线性模式向更加灵活、高效的网状模式转变。数字技术的应用让企业能够实现数据资源的集中管理和共享，提高企业的协作效率和数据安全性。随着数字技术的不断发展，数字创新的内涵也将不断拓展。未来，数字创新将会引领企业发展的新方向，成为推动经济社会发展的强大引擎。

1.1.2　数字创新的特点

数字创新建立在数字技术基础之上，数字技术本质上包含信息数字化和处理数据两个部分，其具有两个本质属性，即数据同质化和可重新编程性。数据同质化是指利用数字技术将声音、图片等信息进行二进制数字化处理，在操作过程中，具有二进制特征的数据被同质化处理。可重新编程性是指利用数字技术对数据进行处理的程序，这种程序可以作为数据进行存储，这一性质使对程序的重新编程变得更加容易。数字技术的数据同质化和可重新编程性这两个本质属性又使数字技术具有可供性，即不同的组织和个体均可以利用同样的数字技术来实现不同的目的。

从数字技术的数据同质性、可重新编程性和可供性属性出发，数字创新会呈现两个特性。第一，数字创新具有收敛性。数字创新使产业边界、组织边界、部门边界甚至产品边界等变得模糊且重要性降低。例如，整合数字技术和传统物理实体产品的智能产品突破了原有产品使用范围，新的数字化产品边界不再明确。第二，数字创新具有自生长性。自生长性是指由于数字技术是动态的、可延展的、可编辑的，数字创新可以持续地不断改进、变化。最典型的例子是诸如 App 等数字产品可以根据用户的反馈及运营过程中出现的各种问题进行实时迭代创新。

从数字创新组织模式的角度，可将数字创新的特点归结为以下三点：创新平台化、创新组合化和创新分布化。（1）平台是数字化创新的重要载体，结合技术可供性属性，平台又会促进组合式创新和分布式创新。创新平台化是一种全新的商业模式，它通过将创新元素平台化，以实现更高效、更灵活的创新活动。这种组织模式将各种资源、能力和技术整合到一个平台上，使不同类型的企业和个人能够在这个平台上进行创新合作，实现互利共赢。（2）创新组合化是一种通过将不同领域的知识、技术、资源等要素进行整合，以实现创新和突破的过程。这种创新方式强调跨学科、跨领域的合作和交流，通过将不同领域的元素进行组合，激发出新的创新思维，创造出新的商业模式。（3）创新分布化强调将创新所需的技术和相关能力分布到多个公司和其他知识生产机构之间，并由一家主导公司发起，选定创新任务，在研发合作伙伴或内部分支研发机构之间分配创新任务，最后对研发、创新成果进行集成。

从数字创新功能角度出发，可以将数字创新的特点总结为：可计算、可通信和可感知。（1）可计算是指将现实世界中的各种信息转化为能够处理的数字信息。随着数字技术的发展，我们不仅可以处理大量的数据，还可以从这些数据中挖掘出有价值的信息。例如，在商业领域，企业可以通过分析销售数据来预测未来的市场需求，从而制定更加精准的营销策略。在医疗领域，医生可以通过分析患者的基因数据，为患者提供更加个性化的治疗方案。（2）可通信是指数字技术可以将各种信息在不同的设备之间进行传输。随着互联网技术的发展，我们不仅可以实现高速、高效的通信，还可以实现远程办公、在线教育、视频会议等功能。（3）可感知是指数字技术可以通过传感器等设备感知周围环境中的各种信息。例如，智能穿戴设备可以通过心率传感器来感知用户的心率变化，并及时发出警报。这些功能的实现使我们的生活更加便捷和安全。

从更广泛的意义上来讲，可以将数字创新的特点概括为五个方面。第一，技术为基。数字创新以技术为支撑，包括人工智能、大数据分析、物联网、区块链等新兴技术。这些技术不断推动着各类创新，并为企业和个人提供了更多的机会和可能性。例如，共享单车、智能家居等新兴产业都离不开数字创新的支持。第二，注重用户体验。数字创新注重用户体验，以满足用户的需求和期望为中心。通过研究用户行为和反馈，数字创新可以设计出更加智能、便捷和个性化的产品和服务，提高用户满意度。第三，数据驱动。数字创新以数据为基础，通过收集、分析和利用大量的数据来获取信息和发现商机。数据驱动的决策和创新可以帮助企业更精确地了解市场需求、优化产品设计和提升运营效率。例如，智能城市利用大数据和人工智能技术，实现城市管理的智能化和绿色化。第四，强调生态合作。数字创新通常涉及多个参与方之间的合作与协同。企业需要与合作伙伴、技术供应商、创业公司、学术界等建立联系，共同创造新的商业模式和解决方案。开放的合作生态系统可以促进创新的加速和互利共赢。第五，不断迭代更新。数字创新是一个不断迭代的过程。通过与用户不断交互、测试和反馈，数字创新可以快速调整和改进产品与服务，以适应快速变化的市场需求和竞争环境。

1.2　数字创新主要类型

1.2.1　数字产品创新

数字产品创新是指利用先进的数字技术和创新理念来开发新型的产品或改进现有产品，这种类型的创新是数字创新中最为常见和最为重要的创新类型。数字产品创新涉及许多领域，其核心是结合最新的科技趋势和市场需求，通过数字技术手段为用户带来全新的体验和解决方案。数字产品创新主要包含两大类：纯数字产品创新（例如 App）以及数字技术与物理部件相结合的产品创新（例如智能家居产品）。

纯数字产品的创新主要呈现出以下三个特征：首先，纯数字产品的创新空间几乎是无限的，数字技术的自我演进能力使纯数字产品在虚拟空间中可以进行无限次的更新和迭代。其次，由于数字技术具有可重新编程性，纯数字产品可以轻而易举地根据不同客户的需求进行重新整合和再利用。最后，纯数字产品的创新极大地依赖数字基础设施的发展和支持，例如网络和数字创新平台等。这些基础设施为纯数字产品的创新提供了必要的环境和支持。

而另一类数字创新是将物理部件与数字部件相结合进而改变产品的体系架构，使其具有数字实体特性。以智能产品为例，它通常由物理部件、数字部件和互联部件组成。物理部件是传统机械部件，数字部件是软件应用，而互联部件则使产品能够连接到互联网上的相关信息和基础设施，从而提升智能产品的价值。智能产品的创新具有以下四个特征。第一，创新智能产品需要建立全新的技术基础设施，包括硬件、软件、通信系统和云服务等方面。第二，智能产品的创新使不同类别产品之间的边界变得模糊，呈现出数字创新的收敛性。第三，智能产品的创新过程需要跨领域知识的专业人员共同参与。第四，企业在生产智能产品时强调组织内部现有战略和数字战略的协调与一体化。

纯数字产品一般采用无限更新和重新组合的方式实现功能创新，而智能产品则将数字技术与实体设备结合，实现数字技术融合在实际使用的物理器件之中。这两种数字产品创新的共性在于：均依赖数字基础设施，均需要多学科知识主体之间的协调合作，同时均注重数字战略与组织战略的协同推进。它们的不同之处在于：是否结合实际物理部件两者不同，产品开发的迭代更新方式不同，数字技术的实体表现方式也不同。

阅读材料

M 公司创新产品互联互通之路

数字产品创新是指在传统产品基础上，融入数字化技术、智能化功能等元素，以提升产品的性能、降低成本、提高用户体验。在今天，数字化浪潮席卷全球，M 公司以其独特的数字产品创新策略，不仅在国内市场取得了显著的成功，更在全球范围内赢得了广泛的赞誉。

在 M 公司发布的产品中，我们可以看到许多这样的创新实践，如智能家居、智能穿戴设备等。在智能家居领域，M 公司凭借其丰富的生态链企业资源，推出了一系列智能家居产品，如智能灯泡、智能扫地机器人、智能音箱等。这些产品不仅具备智能化功能，还能与 M 公司其他产品实现互联互通，为用户打造智能家居生活。在智能穿戴设备领域，M 公司同样表现出色。其推出的手环、手表等产品，不仅具备健康监测、运动记录等功能，还能与手机实现无缝连接，为用户提供更加便捷的生活体验。

资料来源：曹鑫，欧阳桃花，黄江明. 智能互联产品重塑企业边界研究：小米案例[J]. 管理世界，2022，38（4）：125-142。

1.2.2 数字服务创新

数字服务创新是指在数字技术的发展和应用过程中产生的新服务，通过重新设计、改进和提供新的服务模式和体验，以满足用户需求并创造附加价值。随着信息与物质的分离和全球通信网络的快速增长，越来越多的创新将是无形的、数字化的、围绕社会现象所共同创造的。数字服务创新可为客户提供新的、独特的价值主张，形成竞争优势，创造战略价值。特别是大数据分析（BDA）发展为数字服务创新提供了新的可能。数字服务创新可以涉及各个领域，如电子商务、金融、教育、医疗等。例如，近些年网约车服务的兴起，滴滴和曹操出行等通过移动应用程序连接车主和乘客，利用数字技术和位置服务提供灵活、便捷的出行服务，改变了传统出行方式，提供了更加智能化和个性化的出行体验。还有教育领域推出的在线教育平台，通过互联网提供在线学习资源和课程，使学习者可以随时随地获取知识。

阅读材料

一体化数字服务平台

X公司是我国第一家在线旅游公司。借助数字化平台，X公司实现了旅游服务的全球化覆盖，成为全球领先的互联网旅游综合服务商。X公司的用户数据分析能力和数字服务平台，为用户提供了更加便利和丰富的旅游体验。

X公司在数字服务创新上的第一步是提供一站式的便携服务，其深度应用了先进的数字技术，如大数据分析、人工智能、云计算等。通过收集和分析用户行为数据、旅游目的地信息、交通状况等多维度数据，X公司能够精准把握用户需求和市场动态，为用户提供更加精准的旅游推荐和定制服务。第二步是优质服务标准化。在X公司，每一个电话呼入呼出过程都有大数据处理流程供参考；每一个订单的回复都有专人进行线上监控；每一次订单完成时间都有数据统计并追踪改进。此外，X公司还积极引入虚拟现实技术，为用户提供更加沉浸式的旅游体验。通过 VR 技术，用户可以在出行前提前"预览"旅游目的地的风景、酒店、景点。

资料来源：郭淳凡，陈祎笑，吴小节．互动导向下的服务创新能力演进机制——基于资源编排视角的携程案例研究［J］．管理案例研究与评论，2021，14（1）：50－65。

1.2.3　数字过程创新

数字过程创新是指利用数字技术和互联网的方式，重新设计、改进和优化组织内部的工作流程和业务流程，以提高效率、降低成本、增强灵活性和创造价值。数字过程创新的应用改善甚至重构了原有创新的流程框架。在数字经济时代，创意产生、产品开发、产品试制与制造以及物流和销售等环节都可能被数字技术所颠覆。例如，在产品研发阶段，数字仿真以及数字孪生技术的支持使企业研发成本大大降低；物联网技术的支持使企业生产流程各环节变得十分透明；客户能够通过虚拟环境参与产品构思、产品设计和开发、产品测试、产品营销和传播以及产品支持等价值创造活动。

数字过程创新具有三个主要特征。首先，其时间和空间边界变得模糊，因为数字技术可以让不同的参与者在不同时间和地点参与创新过程。其次，数字技术消除了过程创新和产品创新之间的明确界限。最后，数字技术的可重新编程性使数字过程创新中可以产生许多衍生创新。简而言之，数字过程创新通过数字技术的支持，突破了时间、空间和产出形式等方面的限制，促进了创新的实现和推广。

数字过程创新可以涉及各个行业和领域。在自动化领域，通过利用自动化技术和机器人流程，可以将重复、烦琐的任务进行自动化处理，提高工作效率。例如在银行业中，通过自动化技术处理客户开户、贷款审批等流程，减少了人工操作的时间并降低了错误率。在线上协同办公方面，通过协同工具和平台，实现团队成员之间的协作和信息共享。团队成员可以通过实时沟通工具、在线文档共享和协同编辑等功能，更高效地完成任务。总而言之，数字过程创新在提升效率、优化业务流程和增强客户体验等方面有非常广泛的应用。通过利用数字技术和互联网，组织可以更好地应对业务挑战，实现数字化转型，提升竞争力和创新能力。

阅读材料

T 公司智能制造

随着第四次工业革命的深入发展，数字过程创新已成为制造业转型升级的重要引擎。在这一时代背景下，T 公司凭借其独特的智能制造模式，成为引领全球汽车行业的佼佼者。

T 公司在智能制造领域的实践，是数字过程创新的典型案例。T 公司通过整合先进的传感器、大数据分析和人工智能等技术，实现了生产过程的数字化和智能化。具体来说，T 公司的生产线高度自动化，通过机器人和智能设备完成大部分作业，极大地提高了生产效率和产品质量。它还建立了完善的数据收集和分析系统，通过实时监测生产数据，优化生产计划和调度，确保生产的高效和稳定。另外，T 公司利用人工智能技术对产品质量进行智能检测和控制，通过算法模型预测产品性能，提前发现并解决潜在问题。

T 公司作为电动汽车领域的领军企业，通过数字过程创新实现了智能制造的突破。T 公司的工厂采用了高度自动化的生产线，实现了从零部件到整车的快速组装。此外，T 公司还引入了物联网技术，实现了设备之间的互联互通和实时监控。这些创新举措不仅提高了生产效率，还降低了成本，为 T 公司的快速发展奠定了坚实基础。

资料来源：吴楠. 以数字化赋能智能制造　高效实现产能提升战略目标［N］. 中国市场监管报，2023 - 01 - 05（6）。

1.2.4　数字组织创新

数字组织创新是指利用数字技术对组织的结构、流程、业务模式等进行改进和优化，以实现更高效、更灵活、更具竞争力的运营和管理。数字组织创新为企业的组织管理带来了新的发展机会，从管控到赋能，从科层固化到平台利他，从分工到协同，从实现组织目标到兼顾人的意义，新的组织管理将具有更多的可能性。通过数字组织创新，企业可以提高运营效率、降低成本，增强创新能力，提高市场竞争力，为未来的持续发展奠定坚实的基础。

数字技术带来的一系列变化正在持续进行中，数字技术不断融入组织的各个领域，彻底改变组织与顾客、组织与员工、组织与行业、组织与社会的交互方式，将现实世界与数字世界的边界打破并融合在一起。新型组织的特征是持续变化、打破平衡、具有更多可能性、拥有动态的组织环境。

数字组织创新的重大影响是改变或重塑了组织的形式和结构。数字技术不仅会对商业模式、价值链、客户关系、公司文化产生一定的影响，改善现有组织结构，而且会影响工作岗位重要性、工种、工作地点和工作内容，甚至改变企业形态。产品和服务的数字化也会影响组织结构和能力，数字技术会为组织参与者、组织结构、组织实践、组织价值观、组织文化带来颠覆性影响，这些影响将会改变、威胁、取代现存的组织、生态系统和行业游戏规则。

阅读材料

"小组制"组织变革

一家以时尚女装为主的电商品牌H，通过其独特的"小组制"变革，不仅成功在竞争激烈的市场中脱颖而出，还为消费者提供了更加个性化、高品质的购物体验。

（1）基于平台的产品创新服务。该品牌通过数字化平台打造"以产品小组制为核心的单品全程运营体系"，同时，利用数据分析工具帮助小组分析市场趋势；通过电商平台提供销售渠道，扩大品牌影响力。

（2）多元参与主体。参与主体具有高度的自主决策权，产品小组可以全权决定所负责的产品创新的细节；此外，H品牌建立了"买手选款＋设计师跟进＋消费者反馈"的循环机制。设计师团队紧密跟踪国际流行趋势，同时，通过社交媒体、直播互动等方式收集消费者意见，实现个性化与潮流的完美融合。

（3）动态网络结构。产品小组可以根据市场机会动态选择外部合作伙伴，与外部团队（个人）合作共同研制或推广产品，从而实现基于平台的全网合作创新。

资料来源：白景坤，张贞贞，薛刘洋. 互联网情境下基于平台的企业创新组织机制研究——以韩都衣舍为例［J］. 中国软科学，2019（2）：181－192。

1.2.5 数字商业模式创新

数字商业模式创新是指通过运用数字技术和互联网等信息技术手段，对传统商业模式进行改进、优化或者创造全新的商业模式。它涉及整合数字技术、数据分析以及用户需求，以创造更加灵活、高效、个性化的商业运作方式。商业模式是描述价值主张、价值创造和价值获取等活动连接的架构，数字技术的嵌入可以通过改变企业价值创造以及价值获取的方式进而改变企业的商业模式。

数字商业模式创新主要是通过数字技术改变或重塑现有的商业模式。它对企业的意义在于帮助其更好地迎接数字化时代的挑战和机遇，提高竞争力、创造更大的商业价值。它使企业能够更好地洞察市场、了解用户需求，积极创新和变革，推动企业持续发展和成功。数字技术已逐渐成为商业模式创新的关键驱动因素，可从自动化、扩展和转换三条路径增强、补充和取代现有的商业模式。例如，西班牙某服装品牌的快时尚商业模式就是利用大数据系统的多样性和快速度，对第三方供应商的流行趋势数据和其门店的客户支出数据进行实时分析，这使其能够在保持低库存的同时提供不断变化的流行服装品种，对顾客接受的价值产生了显著的影响。

需要指出的是，数字创新各类型之间并非非此即彼，而是存在着交叉融合的关系。在数字创新中，往往伴随着多种类型的创新，数字创新会带来产品、流程和商业模式的同时改变，并改变或颠覆整个行业。例如数字服务创新是由于数字技术的出现创造了新的服务形式，而这种新的服务会改变原有的创新流程和组织结构，进一步发展为新的数字商业模式。像优步、滴滴出行、曹操出行服务被归类为数字服务创新，但同时它也改变了产业的组织形式和结构，形成了新的商业模式。

🖥 阅读材料

数字化驱动国产品牌升级

一家以山茶花护肤为核心的品牌 L，自 2003 年成立以来，长期采取传统的以线下直营专卖店的方式进入大众视野。2015 年，L 品牌开始推动数字化，通过深度融合数字技术进行商业模式创新，开始了从线下到线上的华丽转身，通过数字化商业模式的创新，有效提升了企业的市场竞争力。2017 年，公司成立了新零售部，研究数字化和新零售如何做、谁来做，并组织跨部门团队落实新零售；2018 年，实施了"手淘＋钉钉"的测试，线下导购引导进店的消费者手机扫码成为公司的会员，建立消费者和唯一导购间的绑定关系，以此来打通内部线上线下销售权益，导购通过钉钉与顾客交流，把顾客沉淀为企业会员。2020 年，受新冠疫情影响，140 多家线下门店关闭，公司创始人开始线上直播，成为国内首个直播间"带货"的企业创始人，公司开始走上直播之路，原来的层级体系被打破，同时跨销售、电商、直播、财务等部门组成服务消费者的 35 个临时项目组和独立作战小团队。每个门店建立线上工作小组，同时做直播、电商、社群，用钉钉加智能导购，微信社群加小程序，突破物理销售界限，成为一个个数字化的综合体，形成了两栖作战的能力。以直播为点，促使企业组织的变化和升级，实现了组织的扁平化、灵活性管理。通过店面颜值、专业服务和科技赋能带来物质与情感双重刺激的体验，公司提升了门店的核心竞争力以及消费者的黏性。

资料来源：单宇，许晖，周连喜，等．数智赋能：危机情境下组织韧性如何形成？基于林清轩转危为机的探索性案例研究［J］．管理世界，2021，37（3）：7，84－104。

1.3　数字创新的价值

数字创新是指利用数字技术和创新的方式改变和提升现有业务模式、产品和服务。数字创新无论在提升企业竞争力、推动经济发展还是提高社会治理水平等方面均发挥着重要作用。

1.3.1　提高企业运营效率

数字技术在产品、过程、组织和商业模式等方面的应用可以优化企业的运营流程，提高其生产效率和服务质量，从而获得更大的商业价值。第一，数字创新可以优化企业的信息处理和决策支持系统。通过大数据技术和人工智能的应用，企业可以快速地收集、分析和处理海量数据，提高信息处理的效率和准确性。这有助于企业作出更加明智和及时的决策，从而避免盲目和错误的决策带来的损失。第二，数字创新可以简化企业的生产流程。通过工业互联网、智能制造等技术，企业可以实现生产线的自动化和智能化控制，提高生产效率和质量。同时，数字创新也可以帮助企业实现定制化生产和服务，满足客户的个性化需求，提高企业的市场竞争力。第三，数字创新可以提高企业的供应链管理效率。通过物联网技术和数据分析，企业可以对供应链进行实时监控和优化，实现精准预测和智能调度，降低库存成本和物流成本。这不仅可以提高企业的经济效益，也可以提高企业的社会效益。第四，数字创新可以提高企业的营销和服务效率。通过社交媒体、大数据分析和人工智能等技术，企业可以实现精准营销和个性化服务，提高客户满意度和忠诚度。同时，数字创新也可以帮助企业实现客户关系的维护和管理，提高客户留存率和客户价值。

1.3.2　促进企业创新发展

数字技术的应用不仅能够提升企业或组织的运营效率，同时，也能有效地促进企业或组织的创新。企业应用数字化技术提高创新活动的效率主要可以体现在四个方面。第一，数字化协作和沟通。数字创新提供了各种协作和沟通工具，如在线协作平台、实时通信工具和虚拟会议等。这样，团队成员可以轻松共享信息、协同工作，并通过即时反馈和交流加快创新流程，减少沟通和合作的障碍。第二，数据驱动的创新。数字化转型使企业能够更好地收集、分析和利用数据。通过对市场和消费者行为的深入了解，企业可以发现潜在的机会和需求，为创新提供更准确的方向。同时，数据分析可以评估创新项目的效果和风险，帮助企业作出更明智的决策。第三，数字创新提供了各种工具和技术，使原型设计和测试更加快速和高效。例如，虚拟现实、增强现实和3D打印等技术可以帮助企业快速创建并测试概念验证和产品原型。这样，企业可以更快地验证和调整创新想法，缩短创新周期。第四，数字创新引入了自动化和智能化的技术，例如机器学习、人工智能和机器人技术。这些技术可以提升自动化重复性任务的完成，提高创新效率。同时，它们还可以通过分析数据和模式，为创新者提供更强的洞察力和创新思路，促进创新主意的发现和创新项目的落地。

1.3.3　改变市场竞争格局

数字创新改变市场竞争格局主要体现在三个方面。一是数字化通信技术的发展和广泛应用，打破了时空限制，扩大了创新主体和参与者范围，使更多的个人、企业和组织有机会参与到创新过程中，打破了传统的创新壁垒，促进了创新的多样性和蓬勃发展。二是数字技术的不断发展和广泛应用，催生了许多新的商业模式。这些商业模式基于数字技术的优势，以创新的方式满足客户需求，并提供更加高效、个性化的服务，例如平台经济、网络营销、用户定制化、数据驱动模式和商业生态系统建设等，使市场竞争日趋激烈。三是数字技术的不断发展和广泛应用，使不同个人和组织之间的交流合作变得越发便捷，创新生态成为重要的创新组织形式。创新生态是指一个由多个个体、组织和资源相互连接和合作的生态系统，旨在共同推动创新和持续发展。作为一种重要的创新组织形式，它具有资源共享、协同创新、快速迭代和快速学习的特点，并能够形成良性循环，推动创新的持续发展。

1.3.4　推动产业转型升级

随着数字技术的快速发展和广泛应用，数字创新已经成为驱动经济增长的重要引擎。一方面，随着数字技术的飞速发展，很多产业通过引入数字技术和数字创新，不断深化产业数字化并进而有力推动了产业转型升级，特别是许多传统产业通过数字化改造，焕发了新的生机和活力。例如，在农业领域，通过数字化技术可以实现精准种植、智能管理，提高农业生产效率和质量；在工业领域，数字化转型可以降低生产成本、提升产品质量，推进绿色转型；在服务业领域，数字创新则推动了智慧物流、智慧教育等新型服务业态的蓬勃发展。另一方面，伴随着数字技术的快速发展，许多以数字技术为核心特征的新兴数字产业不断涌现，随着数字产业化的不断发展，以人工智能、云计算、区块链、大数据为代表的数字产业不断壮大，它不仅可以为传统产业数字化创新发展提供强有力的技术资源，也为经济增长持续注入新的业态，推动产业结构不断优化升级。

1.3.5 提高社会治理水平

数字技术在社会治理领域的广泛应用和创新，使社会治理更加精准化、高效化和智能化，有助于解决社会管理中的难题，提高治理水平，推动社会的稳定和发展。首先，有利于社会治理精准化。数字创新可以通过数字化信息收集、处理和分析，实现对社会问题的精准识别和分析，还可以通过智能化数据分析、人工智能技术等手段，实现社会问题的预测和预防，提前发现和解决社会问题，提高社会治理的精准性和效果。其次，有利于治理高效化。通过数字化管理、智能化调度等手段，可以优化社会管理流程和管理效率，减少管理成本和管理风险，还可以实现信息的共享和传递，促进不同部门之间的协同配合，提高社会治理的协调性和效率。最后，有利于治理智能化。通过人工智能技术、大数据分析等手段，可以提高社会治理的智能化水平，实现智能化决策和智能化管理，还可以通过数字化信息的管理和传递，避免信息泄露和数据失真等问题，提高社会治理的可靠性和安全性。

本章小结

本章深入探讨了数字创新的概念、特点、分类及其价值。对于企业来说，数字创新不仅涉及数字技术，更重要的是将这些数字技术应用到企业，实现产品或服务的数字化以及生产制造等价值链活动的智能化，从而提升企业的市场竞争力；数字创新具有创新平台化、创新组合化和创新分布化等特点。数字创新可以分为数字产品创新、数字服务创新、数字过程创新、数字组织创新和数字商业模式创新等不同类型；数字创新无论在提升企业竞争力、推动经济发展还是提高社会治理水平等方面均发挥着重要作用。通过深入了解数字创新的概念、特点、分类和价值，可以更好地理解和应用数字技术，推动企业和各行业的创新和发展。

思考与练习

1. 如何理解数字创新的概念？
2. 数字创新的特点有哪些？
3. 数字创新有哪些类型？
4. 怎样理解数字创新的价值？

延伸阅读

[1] 李美云，利尚仁，谭红娟．酒店企业数字创新过程研究——基于南沙大酒店的叙事分析 [J]．旅游科学，2023，37（3）：86-105．

[2] 李晓伟，张秋雨．基于"前因—过程—结果"（I-P-O）模型的数字创新研究框架与展望 [J]．科技管理研究，2023，43（15）：18-24．

[3] 刘洋，董久钰，魏江．数字创新管理：理论框架与未来研究 [J]．管理世界，2020，36（7）：198-217，219．

[4] 王露露，徐军华．语义网环境下的数字图书馆服务创新 [J]．图书馆理论与实践，2016（1）：88-90，100．

[5] 杨仲基，綦良群．国外数字创新研究评述及对我国制造企业数字化转型的启示 [J]．科学管理研究，2021，39（4）：120-124．

[6] 赵超．数字创新生态系统的生成理路与运行逻辑 [J]．湖南社会科学，2023（4）：65-75．

第2章　数字化概念开发

📑 **学习目标**

- 理解传统概念开发的概念和过程
- 理解数字化概念开发的内涵和特点
- 了解数字化概念开发的主要环节
- 了解数字技术在概念开发活动中的应用

📋 **引　例**

M公司互联网空调的诞生

M公司成立于2010年，作为一家移动互联网公司，以人工智能和物联网为核心不断发展。在取得M电视的成功后，M公司开始思考继续开发其他大家电，如空调。

为了确定公司在空调市场是否有发展机会，M公司首先进行了大数据分析。M公司收集了10年内空调行业咨询机构的数据、两年内淘宝和京东的空调数据以及空调核心元器件的各种数据，并邀请了空调行业专家进行大量的座谈和调研获取全面的元数据。

随后，M公司关注了以下问题：空调的市场空间有多大，整体走势如何？空调的主要厂商是哪几家，线上、线下的市场份额如何？空调产品的技术有哪些变化，接下来还会面临哪些变化？用户买空调最关注哪几方面，这些方面用户满意度如何？……在分析上述问题的基础上，M公司还进行了各家明星产品的具体分析、技术可行性分析、供应链分析等。

最终，M公司发现，用户对空调的期待值和实际情况存在很大的差距。这一发现说明：空调行业还有很大的提升空间；传统空调大品牌线上优势不明显；空调原材料成本与售价差距较大，渠道利润很好；技术近十几年没有大的发展；等等。

M公司分析得出以下结论：线上市场仍有机会；空调产品在加湿、净化方面创新有需求；并且仍有重新定义产品价格的机会。因此，M公司作出几个决定：（1）创立互联网空调新品类，充分利用网络互联提高用户体验；（2）重新设计空调外观和遥控器，去掉华而不实的设计；（3）利用规模优势将价格定在比竞品便宜30%的水平；（4）在AI模型决策的帮助下，产品周期从传统的300天缩短到150天。最终，M互联网空调在2019年的京东6·18电商节取得了销量第四名的好成绩。

资料来源：高雄勇. 我在小米做爆品［M］. 北京：中信出版集团，2020。

产品概念开发是新产品开发过程中至关重要的一个阶段。作为新产品开发过程的开始阶段，这一阶段定义新产品开发的机会，之后提出一系列满足顾客需求的产品概念，并从中选出最好的概念。这个阶段有时也被称为机会筛查和可行性研究，或仅仅是关于早期阶段存在歧义的"模糊前端"。在数字经济背景下，数字技术在这一阶段的应用日益广泛和深入，数字技术对于产品概念开发的管理影响也愈发值得重视。本章主要内容为概念开发概述、数字化概念开发，以及数字技术在概念开发中的应用。

2.1　概念开发概述

2.1.1　概念开发的内涵

从广义上来说，概念开发是指从发现一个新产品的开发机会到决定启动正式的开发项目或者放弃该项目所经历的一个时间段。这个阶段通常包含许多相互关联的活动，其大致排序如图2-1所示。

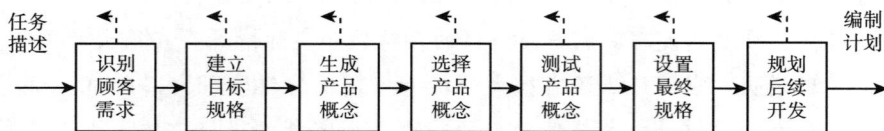

图 2 − 1　概念开发阶段的主要活动

资料来源：Ulrich K T，Eppinger S D，Yang M C. Product Design and Development ［M］. Boston：McGraw-Hill higher education，2008。

概念开发的整个过程很少完全依次进行，即上游活动完成之后，下游活动才开始。事实上，这些前端的活动在时间上是可以重叠的，也经常会发生迭代。在图 2 − 1 中，虚线箭头反映了概念开发过程中的不确定性。几乎在任何阶段，新获取的信息或结果都可能使团队回过头重新开始之前的活动。这种对于上游已完成活动的重复即为迭代。

2.1.2　传统的概念开发过程

1. 识别顾客需求

识别顾客需求是概念开发过程中的重要组成部分。顾客的需求通常可以分为显性需求和隐性需求。其中，显性需求通常指顾客意识到，并有能力购买且准备购买的有效需求。相对应地，隐性需求通常指顾客没有直接提出、不能清楚描述的需求。因此，隐性需求往往是企业依据技术的发展和市场变化的预测提出的，必须经过仔细分析和挖掘才能将其显示出来，这种需求是需要引导的。例如，在手机具有拍照功能之前，大多数人不知道手机可以被用来拍照；在汽车出现之前，人们对于出行的需求往往是一匹更快的马。识别隐性需求是概念开发过程中非常重要的能力之一，它使企业能够创造出令顾客惊喜和愉悦的产品。在实际中，用于指代顾客需求的其他术语还有顾客属性（customer attribute）和顾客要求（customer requirement）等。

传统的需求识别通常可以包括五个步骤：（1）从顾客处收集原始数据。收集数据的方法一般有访谈法、焦点小组法以及问卷调查法。（2）从顾客需求角度理解原始数据。顾客需求应该以产品可以"做什么"而不是"怎么做"的形式来表达。（3）将需求分级并形成列表。该表一般由一组一级需求组成，组内每一种需求可进一步细化为一组二级需求。对于一些非常复杂的产品，二级需求可以被分解为更加详细的三级需求。（4）基于顾客体验或进一步的顾客调查形成重要性指标，从而评价前三个步骤所识别的需求的相对重要性。（5）对结果和过程进行思考与反思。需要知道的是，这五个步骤不是一个僵化的流程，我们应将它看成一个持续改进的起点。

2. 建立目标规格

顾客需求通常是以"顾客语言"的形式表述的。例如，"产品较为轻便"和"产品易于安装"都是典型的主观表述。这些表述使开发团队能对顾客感兴趣的问题有一个更清楚的认识，但并不能提供设计和管理该产品开发的明确指导。因此，开发团队通常需要建立一系列的规格（specification）。这些规格包括产品功能的详细信息。产品规格虽不能告诉开发团队如何满足顾客需求，但是从满足顾客需求的目的出发，代表了开发团队应努力达成的共识，利于开发团队增强内部沟通。

在理想状态下，开发团队会在开发过程早期进行产品规格的确认，然后以精确满足这些规格为目标设计和管理产品。但是，对于高科技产品，开发团队至少要进行两次规格的确认。在确定顾客需求后，开发团队立即制定目标规格（target specification）。这些规格代表团队的期望，但此时开发团队并不能确定限制产品技术的是什么，也不知道目标产品是什么。开发过程中的团队或许没有办法达到某些规格的要求，并且也可能超出某些规格的要求，这取决于开发团队最终选择的产品概念。所以，在确定产品概念后，必须对目标规格进行修正。

建立目标规格的过程主要包含以下四个步骤：（1）考察每种需求，并考虑哪种特征可以反映产品对于对应需求的满足程度，列出度量满足程度的指标清单；（2）收集竞争性产品的信息；（3）为每个度量指标设置理想值（开发团队期望的最好结果）和临界可接受值（刚好可以使产品具有商业可行性的指标值）；（4）对结果和过程进行思考与反思。

3. 生成产品概念

产品概念是产品技术、工作原理和形式的近似描述，它简洁地描述了产品是如何满足顾客需要的。概念通常表示成一种梗概或者粗略的三维模型，并且通常由简洁的书面文字描述。产品概念的描述如表2-1所示。

表 2 –1   产品概念的描述

产品概念	概念描述
这个产品要做什么？	从产品的表现，产品怎样满足顾客需求，产品的方便性，产品的安全性，产品的适用性，产品的可处理性，环境保护等方面定义产品
这个产品是什么？	从产品的轮廓和主要技术来描述产品的组成形式
这个产品是为谁服务的？	从产品的目标顾客来描述产品
这个产品对顾客意味着什么？	从产品的特性、人格化、形象、感觉和外观等方面为顾客带来的感官愉快等方面加以描述

资料来源：吴贵生，王毅. 技术创新管理［M］. 北京：清华大学出版社，2009。

　　产品概念的质量在很大程度上决定了该产品能否满足顾客需求并实现商业化。好的产品概念在后续环节中可能没有被很好地执行，但不好的产品概念无论在后续环节中如何努力都难以获得商业成功。幸运的是，与其他概念开发环节相比，概念生成环节的耗资和耗时都相对更少。因此，我们在概念开发过程中就应该有效地执行概念生成环节。

　　通常，有效的开发团队会生成数以百计的产品概念，其中有 5 ~ 20 个概念需要在概念选择环节中进行仔细斟酌。好的产品概念生成环节可以使开发团队有信心认为新产品的可开发空间已经被完全拓展。如果团队在研发初期就全面深入地探讨了新产品概念，就不会在后期又发现更好的产品概念，也可以尽量避免让竞争对手开发出性能更加优越的产品。

　　开发团队在概念生成过程中经常面对的问题包括：（1）只考虑团队中最有主见的成员提出的 1 ~ 2 种选择；（2）没有认真考虑其他公司相关或无关的产品概念中有用的东西；（3）在概念生成过程中只有 1 ~ 2 人参与，以致小组其他成员缺乏信心和责任；（4）对一些好的解决方案整合不力；（5）没有考虑解决方案的整体范畴。

　　常用的概念生成方法为五步法，该方法包括以下五个步骤：（1）深入理解问题，在必要的时候可以把一个复杂的问题分解为若干个简单的子问题，以便集中精力解决关键子问题；（2）通过领先用户调查、专家咨询、专利检索和文献检索等方法，进行外部搜索，从而找到针对整个问题以及分解出的子问题的解决方案；（3）利用个人和团队的知识与创造力来产生解决方案，这一步通常也被称为内部搜索；（4）通过综合外部搜索和内部搜索收集的解决方案，寻找最终解决方案，这一步通常也被称为系统搜索；

（5）反思结果和过程。值得注意的是，除了五步法，可行的概念生成方法还有很多种。在实际的创新活动中，产品开发团队往往会根据具体问题的特点来制定和完善本团队的概念生成方法。

4. 选择产品概念

概念选择是产品开发过程的重要部分。在产品开发的早期阶段，开发团队需要识别顾客的需求，并使用大量的方法来产生实现特定需求的概念。概念选择是指通过比较各概念间的相对优劣，来选择一个或几个概念进行接下来的调查、测试以及研究，从而使概念更好地满足顾客需求和其他指标的过程。尽管开发过程的许多阶段都需要依靠开发人员的创造力和思维的多样性，但概念选择只需要对可供选择的概念进行筛选。概念选择是一个收敛的过程，但并不一定能够很快就选择出一个最优概念，因此必须反复进行。

根据概念选择方法的作用，常见的概念选择方法主要有以下几种：（1）外部决策法：让顾客或其他外界实体来选择概念；（2）产品冠军：让开发团队中最具有影响力的成员通过个人偏好来选择概念；（3）直觉法：通过对概念的主观感受来选择概念；（4）多数表决法：通过开发团队成员投票选择票数最多的概念；（5）优劣性法：将每个概念的优劣性列成表来选择概念；（6）原型化和测试：建立并测试每个概念的模型，根据测试结果来选择概念；（7）决策准则：通过事先制定的衡量指标来评估每个概念的等级并选择概念。

5. 测试产品概念

开发团队在执行一个概念测试时，需要从目标市场的潜在顾客那里获得对产品概念描述的反应。这种类型的测试可以用来从两个或多个概念中选择出最适宜开展下一步工作的概念，同时也可以从顾客那里获取改进概念以及估计产品销售潜力的信息。

概念测试与概念选择两个环节密切相关，它们都是为了缩小可考虑概念的数目，但是概念测试与概念选择的不同之处在于概念测试是建立在直接从潜在顾客那里获取的数据上的，它对于开发团队自身判断的依赖程度较小。但由于开发团队不能直接从潜在顾客那里对过多的概念进行测试，所以开发团队一般先通过概念选择对待考虑的概念进行缩减，之后进行概念测试。

如果某些类别产品的概念测试所需要的时间相对于产品寿命周期来说太长，或者测试的成本相对于实际制造产品的成本来说太高，那么开发团队可能会选择不做任何测试。例如，有些学者和业内人士指出，在互联网软件行业，相较于对产品概念进行认真的测试，先发行产品再在后续的产品更新换代中不断使其完善，通常是个更好的战略。但是，这一策略对于某些研发成本庞大、研究时间漫长的产品（如新型的商用飞机）并不合适。对于这类产品，研发失败的后果将是灾难性的。大部分类别的产品处于两种极端之间，因此在大多数情况下，概念测试是非常必要的。

概念测试的过程通常包括以下几个步骤：（1）明确概念测试的目的，例如，这些可供选择的概念中哪些是可以继续进行的？怎样改进概念可以更好地满足顾客的需求？（2）选择调查人群，使调查人群尽可能将目标市场对产品的需求反映出来。（3）选择调查方式，如面对面交谈、电话调查、信件调查、电子邮件调查等。（4）通过文字描述、框架图、照片和实物图、视频、实物模型以及工作原型等方式与被调查者沟通概念。（5）测度顾客反应，如让被调查顾客在两个或多个可选概念中进行选择。（6）解释结果。（7）对结果和过程进行思考与反思。

6. 设置最终规格

为了制定最终规格（final specification），开发团队必须在估计实际技术约束和期望的产品成本的同时，修正规格，并在产品的各个不同期望特征之间进行权衡。

建立产品规格的困难在于需要许多知识（设计、营销、生产及其他知识），且很多时候不同的度量标准（表现为产品属性）之间是相互冲突的。例如：手机越小能耗越少，但很有可能内存也更小。因此，最佳的设计方案并不仅仅来自产品规格的某一点，产品最终的设计需要权衡相互冲突的需求，从而形成统一的解决方案。

与之后的开发阶段比较，关于构成概念开发的关键活动、如何管理这些活动、哪些成员参与活动以及完成这个阶段需要多少时间等，我们的知识都较为有限。概念开发是一个复杂信息处理、隐性知识、冲突性的组织压力与一定的不确定性和多义性交汇的"十字路口"。并且，这一阶段被许多企业错误地界定和描述为作出临时性变通决策的阶段。因此，许多企业在管理这一阶段的实践中似乎都面临了很大的困难。

在数字经济时代，数字技术与传统产业高度融合、不断渗透，各行各业颠覆性创新的技术、产品和服务不断涌现。例如，特斯拉推出嵌入智能技术的纯电动汽车，对汽车行业产生重大影响。概念开发是创新的起点，数字技术的出现和不断进步可以帮助企业快速、准确地识别创新机会，提高企业概念开发活动的准确性。

2.1.3　概念开发数字化的趋势

在数字经济背景下，数字技术在概念开发阶段的应用日益广泛和深入，数字技术对于企业概念开发管理影响也愈发值得重视。数字技术通常被定义为信息、计算、沟通和连接技术的组合。常见的数字技术类型包括：计算机技术、通信技术、多媒体技术、人工智能技术、大数据技术、区块链技术和云计算技术等。由于数字技术具有自生性、可供性和开放性等特征，企业通过数字技术可以更容易地洞察市场、识别机会、发现需求，从而更好地进行产品概念开发。

数字技术的快速发展与应用，使用户与企业互动创新逐渐成为企业新产品或新服务设计与开发的重要策略。例如，乐高建立了一个名为 Lego Cuusoo 的在线粉丝社区，邀请粉丝分享设计，并从中挑选最受欢迎的方案，开发出众多畅销设计模型；小米 MIUI 社区通过整合实时用户的反馈并不断更新，其社区用户群从最初的 100 人迅速增长，2023 年全球 MIUI 月活跃用户数超过 6 亿，而很多 MIUI 用户也成了小米的顾客[①]。与传统的工业经济时代不同，只有少数领先用户参与企业新产品创新的观念逐渐被打破，在数字经济时代所有用户均可不同程度地参与企业创新。对于企业创新的概念开发阶段，数字化概念开发的驱动力可以从多个角度来看。

（1）需求与供给。从需求侧来看，企业面对的是更加不确定性的、个性化的、碎片化的需求，这就需要企业对用户的需求进行更加深入的洞察，从而更好地确定产品概念。从供给侧来看，数字经济时代将构建全局开放的技术体系，从面向单一流程的一次性交付，转变为面向角色、面向场景的持续迭代。而从供需双侧来看，企业将逐渐从单纯的面向用户的解决方案输出，转变为供需双侧共建的数字化运营体系。

（2）技术与市场。从技术的角度看，数字技术如今正在为企业的资产、设备、组织、人员重新赋能，各个行业都需要筹划，要在企业概念开发的

---

①　资料来自小米公司网站，https：//www.mi.com/about/history。

各个环节实现与数字化技术的深度融合，将数字化技术这个全新的生产要素的创新价值发挥到最大。从市场的角度看，数字技术的发展不仅可以重塑企业生态、加速产业融合，通过数字化转型，企业还可以从新模式、新业态、新生态进行全面的顶层设计，从而构建新的市场竞争优势。

（3）用户与企业。从用户的角度，用户希望向企业提供其个人需求偏好、贡献个体知识和提出产品设计创意，从而使新产品更加符合其需求。从企业的角度，企业在新产品概念开发阶段一定程度地采纳用户主动或被动的建议，可以寻求用户对新产品的认可。

大多数情况下，用户交流表达的需求是语言性的、口语化的。用户并不总能准确表达自己的需求。所以，为了更好地识别用户的需求，避免用户和企业之间的信息不对称，越来越多的企业开始利用数字技术的高度嵌入性和广泛连接性，真实地观察、记录、分析用户习惯，包括用户使用产品的时间段、使用频率、使用方法、使用功能等。通过分析这些数据，深入了解用户的潜在需求，从而开发改善用户使用体验的功能。

📖 阅读材料

L公司的复苏：用户创新与"草根对话体"

L公司是当前全球插装玩具行业的领头羊，也是全球最具价值和竞争力的玩具公司之一。然而，在21世纪初，由于电子玩具的出现和高速发展，以及公司内部过分扩张相关或相近领域，L公司的发展遇到前所未有的窘境。

但是，L公司成功地完成了一次"大转身"。在2003年危机开始到2013年的10年间，L公司的封闭式创新模式被推翻，取而代之的是将用户群体加入产品创新的队伍中。L公司与一家日本公司联手推出了一个在线平台，以收集来自全球L公司粉丝的创意。L公司的粉丝，尤其是成年粉丝与公司内部设计人员共同探讨产品和创意，甚至进行网络销售和购买。这次转变，不仅使L公司守住了13.5%的盈利底线，成功化解了危机，也为L公司开创出新的发展创新理念——利用外部的"草根"力量。通过这种模式，L公司获得了巨大的收益率。

在玩具品牌中，L公司以卓越的与消费者沟通能力见长。然而，这种能力其实并非 L 公司生而具备，甚至在其成立的半个世纪时间里，该公司一直沉迷于公司内部设计精英们的创新能力。消费者群体的作用，即"草根力量"，被公司管理层所忽视。与之相关的，"草根对话体"既没有进入公司内部的消费者群体，也并未受到足够重视。直到 2003 年危机出现之后，L 公司开始重视"草根对话体"，利用这一部分消费者进行更充分的沟通和创新。

"草根对话体"将市场状况、创意、流行趋势反馈给 L 公司，公司则根据他们的信息创造满足他们需求的产品。对于消费者，他们获得了所需的产品；而对于公司，则得到数据信息并且可以通过满足这一部分消费者的需要来巩固自己的消费者群体，而且可以根据他们反馈的信息对商品进行调整，从而拓宽消费者对象和市场。因此，供需两方实现双赢——既满足了消费者的需求也给公司带来了利益。借助社交网络、电视媒体等平台，L 公司与消费者的沟通更加紧密，成为通过社交媒体与消费者沟通及建设品牌的先行者。也正是通过与消费者的反向沟通，L 公司生产的方向可以及时调整，更快更准地应和市场需求。

资料来源：范翔宇. 乐高的复苏　创新与草根力量［J］. 企业管理，2015（1）：71－73；钱丽娜，王志勤. 抓住玩家的心，乐高用什么办法［J］. 商学院，2014（6）：12－15。

2.2　数字化概念开发

2.2.1　数字化概念开发的内涵

传统的概念开发是指从企业有一个新产品的创意开始，到产品概念的形成并进行可行性分析评估，最后到决定启动正式的开发项目或者放弃该项目为止所经历的一个时间段。随着数字技术的不断发展与进步，大量的数字技术如计算机技术、多媒体技术、大数据技术等不断渗入概念开发的各个环节，从而形成了数字化概念开发，以更好地满足企业和顾客的各种需求。

2.2.2　数字化概念开发的特点

在传统的概念开发中，企业主要通过信息收集与市场调查的方法探寻市场上同类产品的竞争态势、销售状况及顾客使用的情况。然而，这类方法可能存在以下几方面的问题：（1）少数人决策偏颇。传统信息收集方法如调查问卷、样本跟踪等数据样本量少，还可能由于样本不全面导致分析结果有偏；管理层结合信息进行决策的时候还会受个体喜好的影响。（2）信息收集存在滞后性。企业观察市场变化的时候，市场变化已经发生，因此收集的结果具有明显的滞后性；而且随着数字化时代的到来，市场变化速度越来越快，加大了企业信息收集的难度。（3）信息不对称导致资源浪费。因为各部门之间没有统一的数据平台和协作网络，大家会根据自己的判断得出自认为正确的结论并采取相应的措施，浪费了大量的时间和研发费用，甚至错失产品推广时机。

与传统的概念开发相比，数字化概念开发活动通常具有以下特点。

1. 广泛性

目前几乎所有的国家和地区都已接入了互联网，数字技术的发展使得网络真正意义上成了信息资源的海洋，信息的受众范围极广，人们对信息的选择余地也更加广阔。数字化概念开发的广泛性主要可以体现在以下几点：

（1）可以产生更多的机会，从而提高产生更好机会资源的可能性。

（2）企业可以以更小的成本与更加广泛的顾客沟通，从而大量识别潜在创新需求。

（3）企业能够和更多的顾客沟通、展示产品概念，更加广泛地了解市场中顾客对于产品概念的反应，估计产品的销售潜力。

2. 高效性

在数字技术不太成熟的时候，虽然网络调查在开发流程的后期十分有用，但是在概念开发最初识别顾客需求的阶段，这种方法可能并不值得推荐。因为，这种方法不能提供有关产品环境的足够信息，在揭示无法预期的需求上是无效的。

随着数字技术的不断发展，数字化概念开发的高效性逐渐体现：

（1）企业可以通过在线调研技术深度挖掘顾客关注的产品特征，这极大地缩短了企业与顾客沟通的时间和进程，提升了企业与顾客沟通的频率与效率，从而即时地了解顾客的需求与偏好，更快地作出策略性的调整。

（2）数字技术可以模拟测试产品的可制造性，并在购买昂贵的生产设备前对制造布局或工艺设计进行优化。企业通过数字技术可以随时随地访问产品最新相关数据，及时获得顾客反馈，从而提升效率。

3. 经济性

在传统的概念生成过程中，大量的人力、物力资源耗费在收集数据和测试数据的环节和渠道上。数字技术的应用大幅降低产品概念开发的成本，使得概念开发更加具有经济性：

（1）通过交互式多媒体、线上数字平台等技术，顾客可以实际参与概念开发，从而帮助企业更加准确地了解顾客的意愿，企业不必为了解市场需求投入大量资金。

（2）通过虚拟仿真等技术，开发团队可以在概念开发阶段进行反复的模拟和测试，及时发现并解决问题。这很大程度地避免了企业在后期投入大量资金进行产品改进和优化，降低了实际测试成本和研发成本。

4. 跨时空性

在传统的概念开发活动中，企业通常使用访谈法或焦点小组法，这些方法通常需要企业的开发团队与顾客在线下进行面对面的沟通，并且一次沟通的时间通常需要持续一到两个小时。这类方法往往受限于企业和顾客双方的时间和地理位置。相较而言，基于数字技术的概念开发活动通常发生在线上，没有时间、地域等的诸多限制，省时省事，从而达到了传统概念开发无法具有的效果。

5. 互动性与个性化

在传统的概念开发活动中，由于企业和顾客之间缺乏合适的沟通渠道或沟通渠道成本过高，互动性和个性化一直无法很好地实现。数字技术的发展，使企业与顾客可以一对一、一对多、多对一地进行沟通与互动。这使企业获得前所未有的自由度去了解顾客的要求、愿望以及改进意见，与顾客互动，并根据顾客的意愿提供小批量、特色化、个性化的产品和服务，以满足不同顾客的不同价值取向。

2.2.3 数字化概念开发的主要环节

数字化概念开发的核心工作之一就是激发数据要素的创新驱动潜能，释放数据资源的潜在价值，利用数字技术引领企业实现跃升发展。目前，企业的数字化概念开发主要体现在以下三个环节。

1. 多渠道多方法收集数据

数据的收集是非常重要的环节，只有确保数据的准确性和可靠性，才能在后续环节得到理想的分析结果。数据采集的方法包括企业内部流程数据直接采集、爬虫抓取、通过 API 接口收集第三方数据等，生产端、营销端和售后端产生的数据都可为产品的功能改进、工程改良和研发流程提供指导，使概念开发能够更加贴近生产需求和客户需求。

阅读材料

A 咖啡的在线平台

A 咖啡为提升业绩，2008 年开始通过在线平台收集用户的创新性意见，包括和产品直接相关的建议或想法、和用户体验有关的建议或想法、和社区参与有关的建议或想法。从 2008 年设立起至 2017 年，该在线平台已经收到 20 多万条创意，而这些创意又得到了 200 多万条的社区用户评价打分。受这些创意的启发，A 咖啡已累计发布了 1000 多项源于社区的创新方案，其中就包括一些深受消费者喜爱的经典品类和经典口味，如无糖糖浆、低热摩卡、棒棒糖蛋糕以及榛子玛奇朵等。

该在线平台在以下两方面帮助 A 咖啡重建竞争优势：第一，用户通过在线社区可以实现与企业或其他用户的直接交互，此举可以提高用户黏性，培育"粉丝"文化。具体来说，用户通过在社区中提出自己的创意、评价他人的创意，和企业运营人员进行互动，能够获得组织身份认同并提高对品牌的忠诚度。第二，在咖啡等餐饮服务业中，产品种类与口味影响着消费者的选择。在线社区给用户提供了创新想法自由传播与交流的渠道，帮助 A 咖啡准确掌握消费者在产品、服务、环境等方面的诉求，从而迅速作出改变以满足消费者需求。

资料来源：魏江，刘洋，等. 数字创新 [M]. 北京：机械工业出版社，2021。

2. 集成数据并深度挖掘

企业需要打通不同系统间的数据孤岛，推动概念开发阶段的数据从多数据源向统一数据源演进，最终形成数据密集型开发模式。进一步利用数据挖掘技术发掘长期积累和潜藏的"暗数据"，挖掘新的"数据端点"，为进一步的概念开发试验和预测提供基本数据条件。

📠 **阅读材料**

大数据分析平台与数据挖掘

早在 2006 年，E 购物网站就成立了大数据分析平台。为了准确分析用户的购物行为，E 购物网站定义了超过 500 种类型的数据，对顾客的行为进行跟踪分析。这个分析平台可以将结构化数据和非结构化数据结合在一起，通过分析促进该网站的业务创新和利润增长。

在早期，该网站网页上每一个功能的更改，通常由对该功能非常了解的产品经理决定，依据的主要是产品经理的个人经验进行判断。进入互联网时代，该网站开始对用户行为进行数据分析。数据的处理流程通常分为四个过程：数据采集、数据处理与集成、数据分析、数据解释（见图 2 - 2）。

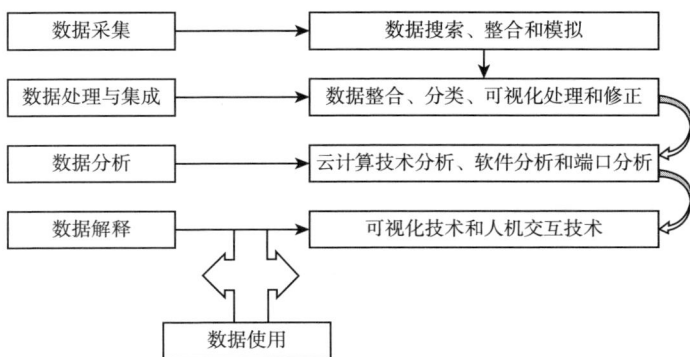

图 2 - 2　大数据预测模型

资料来源：陆晓翠. 大数据分析技术在跨境电商中的应用［J］. 电子技术与软件工程，2020（1）：141 - 142。

3. 利用数字技术分析决策

大数据分析结果可以帮助企业更好地了解市场需求、产品性能和用户体验、优化产品设计，提高产品质量。在此过程中，企业可以应用数字技术优化分析决策流程，例如配合 AI 算法，更加快速地获取决策所需要的信息。一方面，企业能够利用数字技术学习各种人员的创意，生产多样化的产品，提升创意的丰富度；另一方面，企业也能够利用数字技术分析用户行为数据，即时调整创新策略，构建验证产品创意的分析能力，提升创意的有效性。

阅读材料

Y 啤酒的果啤项目开发

根据《2020 年度中国酒业协会啤酒分会工作报告》，在消费分众、需求分化的数字经济时代，啤酒行业很难再打造无死角覆盖的"大单品"。因此，啤酒行业需要精准识别消费者对啤酒的偏好数据，分析找到触达消费者的合适途径。

为了深度理解啤酒市场、洞察产品核心人群、确定产品概念、推进概念落地，从而最终得出新产品的口味、包装及卖点，Y 啤酒利用天猫新品创新中心（Tmall innovation center，TMIC）的数据赋能新产品开发项目。项目包括数据市场扫描、圈选目标人群、消费者人群深度洞察、果啤新品概念共创、新品概念优化测试五个阶段，旨在吸引新的消费群体并扩充 Y 啤酒品类的增量。

（1）数据市场扫描。通过 TMIC 大数据平台对市场扫描及产品人群进行选定，项目对比分析总结出相关果啤的新品研发趋势。例如，在 Y 啤酒已经研发的四个口味中，百香果口味在啤酒与饮料品类中表现突出，尤其受到年轻群体的喜爱；桃子品味受年轻人喜爱程度紧随其后；其他口味的受喜爱程度表现相对较弱。

（2）圈选目标人群。通过分析可知果味啤酒人群基础特征包括：以年轻未婚女性为主；主要分布于一二线城市；爱美；追求精致时尚的生活；消费力高；等等。Y 啤酒人群基础特征：集中于 30～39 岁；已婚已育状态占比高于啤酒和果啤消费者。之后，根据现有果啤人群画像及 Y 啤酒人群画像进行目标人群的选定和筛选，从而进行第二阶段的人群深度洞察。

（3）消费者人群深度洞察。通过对于初步筛选的消费者进行线上互动访谈，得出消费者的消费需求与偏好。例如，百香果、桃子、荔枝等口感应更为细腻，但不能缺失啤酒原有的味道。

（4）果味新品概念共创。在人群洞察数据的基础上，通过将 Y 啤酒内部研发、生产、营销、渠道等项目相关工作人员的建议和消费者洞察数据报告的结果进行整合，最终获得了 Y 果啤项目的概念初稿。在产品概念初稿的基础上，通过第二轮对消费者招募问卷、消费者圈选以及电话甄别得出产品概念方向。

（5）新品概念优化与测试。在上述过程中，Y 啤酒主要从年轻人群的饮酒方式以及理念变化出发，找到与年轻人情感、情绪与果啤产品的链接。依据年轻人的心理诉求，Y 啤酒测试多种概念，并通过第二轮消费者调研优选出最受大多数消费者喜欢的产品以及概念。

资料来源：张泽群，林智平. 浅谈数据驱动下新产品开发链路实现［J］. 中外酒业，2022（1）：1–5.

2.3　数字技术在概念开发中的应用

在这一部分，我们以 M 公司的微蒸烤一体机颠覆性创新的案例，来具体分析数字技术在概念开发各环节的应用。

🖥 阅读材料

M 公司微蒸烤一体机：拥抱数智变革

厨电集成化已是大势所趋，2017 年以来，微蒸烤一体机市场持续向好，产品渗透率大幅提升。

M 微蒸烤一体机不仅保有微波核心技术优势及壁垒，而且结合蒸、烤两大烹饪方式，突破性实现创新电器化技术方案，从而更好地满足消费者的整体饮食和烹饪诉求。M 公司能在微蒸烤行业保持领先优势与其重视技术研发与科技创新有着非常重要的联系。用户多方面的需求催生了微蒸烤一体机的急速增长与迭代，这个过程既是用户需求升级驱动 M

公司制造的过程，同时也是 M 公司通过自身科技和市场洞察不断与之耦合的过程。

（1）数字连通，变革升级。数字连通是指数字技术让之前未曾连接的主体（人、物、数等）建立连接并使其能用于创新活动。作为一家实践数字化转型的代表性企业，M 公司从 2011 年开始进行面向智能制造的数字化变革，近年来对研发活动进行了数字化转型。其员工提到："通过用户大数据与 IoT 设备大数据，我们可以更加方便地洞察用户的真实使用行为（例如使用时间段、使用频率、使用功能等），从大数据中挖掘用户习惯与潜在需求。针对挖掘到的用户潜在需求使用数据与数字化能力，有针对性地开发改善用户使用体验的功能。"

（2）感知需求，洞察机会。M 公司形成了一套产品创新全流程。首先，是机会识别，相关部门需要进行市场分析及场景需求分析，找准用户痛点；之后，根据评估确定产品定位，实现产品规划，再进行技术设计和产品开发；最后，进行产品运营，顺利上市。近几年，消费市场变化加快，M 公司通过大数据和 AI 技术帮助企业高效精准地洞察行情、挖掘机会。

（3）资源整合，技术颠覆。挖掘出需求之后，就需要形成微蒸烤一体机的技术方案。但是，想要保持绝对的领先地位，M 公司就需要在保证自身微波核心技术优势及壁垒的同时，结合蒸、烤两种烹饪方式，形成由单一传统加热到复合式烹饪的整体解决方案，通过数字化转型，打造出引领智慧生活的生态。

资料来源：刘海兵，刘洋，黄天蔚. 数字技术驱动高端颠覆性创新的过程机理：探索性案例研究［J］. 管理世界，2023，39（7）：63－82，99。

近年来，M 公司的数字技术创新贯穿了其在高端颠覆性创新产生的全过程，包括了概念开发、研发和商业化等阶段。其中，概念开发是高端颠覆性创新的起点。概念开发包括机会识别和形成产品概念等活动，通常是创新链中较为薄弱、模糊的环节之一。为降低高端颠覆性创新概念开发阶段的不确定性和模糊性，提高企业创新活动中后期的创新绩效，M 公司使用数字技术帮助企业更好地提升了其从机会识别到初始概念形成的准确性。

数字技术在 M 公司的微蒸烤一体机生产过程中起到了关键作用。基于大数据分析和数字孪生等技术的手机应用程序、观星台、企划通、数字仿真平台、共创（cocreating）开放式创新平台等数字程序和平台，使得 M 微蒸烤一体机的开发过程变得更为顺畅。

1. 通过数字技术识别用户需求

通过数字技术识别用户需求是指运用数字技术的搜集、整理、分析功能，判断主流市场用户现有需求痛点以及发现未被满足的需求。其实质是利用数字技术提供一个比较有确定性的市场基础和行业位势，以降低未来"挤占"主流市场的风险和成本。高质量的需求识别有助于增加企业创新的市场确定性，对冲创新环境不确定性带来的创新风险。数字技术的快速发展，让需求识别这一过程变得更加容易。数字技术的可供性催生的数字化工具可以更精准地分析这些数据，同时产生精准预测。因此，企业可以利用数字技术分析和识别更确定的市场机会，使市场创新趋势更容易被预见。

得益于数字技术的支持，在 M 微蒸烤一体机推出之前，原有主流市场有单功能微波炉和微烤炉两种主导产品。单功能微波炉的市场以 6.5% 的年增长速度增长。其中，M 公司竞争对手之一的 G 公司的市场份额为 42.8%，而 M 公司的市场份额为 48.7%。单功能微烤炉的市场以 9.3% 的年下降速度收缩。其中，G 公司的市场份额为 53.1%，M 公司的市场份额为 41.4%。在此背景下，M 公司利用数字技术，通过分析用户核心特征、表达需求收集、用户行为洞察这三个策略来识别潜在的机会。

（1）分析用户特征。在用户特征分析策略方面，M 公司利用数据平台密切跟踪用户群体，分析出微蒸烤一体机有更好的市场前景。M 公司发现微蒸烤一体机的潜在用户呈现出消费水平高、学历高、平时繁忙，但又重视微蒸烤功能使用等特征。通过对这部分用户进行画像，M 公司发现他们具有一些共性特征，包括重度网购达人、消费力高、爱尝鲜、高学历、颜控、已婚未育等。这些潜在用户对微蒸烤一体机的价格并不敏感，相对来说他们更加重视产品的功能。

（2）表达需求收集。在表达需求收集策略方面，M 公司对观星台、企划通等数字平台收集的线上数据进行分析，发现体积小、烧烤功能强、降噪、多功能集成、外观好看、操控智能化等功能是用户比较集中的需求。

（3）用户行为洞察。在用户行为洞察策略方面，M 公司利用手机应用程序对用户行为进行分析进而挖掘用户习惯，形成产品功能改进的方向。M 公司分析用户使用单功能微波炉和单功能微烤炉时的行为，发现用户对搜索、分享、收藏等数字化的功能有更强烈的需求，表明微蒸烤一体机需要实现产品功能的数字化创新。

基于用户核心特征、表达需求收集和用户行为洞察等策略，通过数字技术驱动的机会识别，公司最终确定了主流市场忽略的高端新市场——微蒸烤一体机。

2. 通过数字技术生成产品概念

在需求识别的基础上，公司通过初始概念、概念工程和概念组合三个过程，进而从市场和技术维度降低其高端颠覆性创新概念开发阶段的不确定性和模糊性。

（1）初始概念。初始概念过程就是在对用户痛点作优先级分类后，初步形成产品概念。M公司在初步确定微蒸烤一体机这个市场机会后，对目标用户的年龄、区域、家庭结构、职位、生活方式等核心特征进行了深入分析，在新颖度和成本比较的基础上形成初始概念。M公司对微蒸烤一体机的价格段比重和价格段机会进行模拟预测。在这一过程中，M公司利用数据搜索功能可以使创意产生的决策信息越来越完备，无限接近于"存在的事实"。

（2）概念工程。概念工程就是采用正式的工具对所有初始概念进行评估和改进。M公司采用对标研究方法分析竞争对手，在开发微蒸烤一体机时将"重视用户体验"和"推出光波变频技术"作为创意融合到了产品概念中。

（3）概念组合。概念组合就是对顾客的痛点和研究计划组合形成的产品矩阵进行系统性比较分析，并从中确定最优产品概念方案。M公司经过初始概念汇聚分类和概念工程设计，形成的概念组合有：小体积、大容积、免预热快烤、即热闪蒸、无氧萃取、无氧温烤、容积20L、容积率>40%等。

M公司在概念开发阶段的数字技术驱动之后，在研发阶段和商业化阶段进一步利用数字技术，最终实现了其微蒸烤一体机的颠覆性创新。这一颠覆性创新不仅体现在技术的突破性，也体现在市场的颠覆性。在技术方面，M微蒸烤一体机使用了体积小、功率高的小型化磁控管，打破了相关行业50年以来外观形态无明显变化的局面。M微蒸烤一体机还使用了石墨烯发热管，它包含了行业最快热辐射技术、使整机效能提升30%的全域反射技术和首创的高效短波穿透技术等。在市场方面，M 公司的单功能微波炉和单功能微烤炉的市场销售额远高于当时的微蒸烤一体机，但是随着微蒸烤一体机的技术突破，M 微蒸烤一体机市场销售额及市场份额快速增长。并且，在微蒸烤一体机整体市场向好的情况下，M 公司微蒸烤一体机的市场份额也持续领先。

本章小结

概念开发是新产品开发过程中的一个重要阶段。本章首先简要阐述了传统概念开发的概念和过程，之后进一步探讨了数字化概念开发的内涵、特点和主要环节。传统的概念开发是指从发现一个新产品的开发机会到决定启动正式的开发项目或放弃该项目所经历的一个时间段，通常包含识别顾客需求、建立目标规格、生成产品概念、选择产品概念、测试产品概念、设置最终规格和规划后续开发等活动。随着数字技术的不断发展与进步，数字技术不断被应用于概念开发的各个环节，从而形成了数字化概念开发。数字化概念开发的特点主要包括：广泛性、高效性、经济性、跨时空性、互动性与个性化。数字化概念开发的核心工作之一就是激发数据要素的创新驱动潜能，释放数据资源的潜在价值，利用数字技术引领企业实现跃升发展。它主要体现在多渠道多方法收集数据、集成数据并深度挖掘、利用数字技术分析决策这三个环节。通过数字化概念开发，企业可以更加快速、准确识别创新机会并定义创新方向，从而更好地满足顾客的各种需求。

思考与练习

1. 传统的概念开发包括哪些活动？
2. 数字化概念开发的驱动力有哪些？
3. 数字化概念开发的主要特点是什么？
4. 数字化概念开发主要体现在哪些环节？请举例说明。
5. 通过数字技术让用户参与概念开发，有什么优势和劣势？

延伸阅读

［1］Cooper R G. Winning at New Products：Accelerating the Process from Idea to Launch ［M］. Cambridge：Perseus Books，2001.

［2］Pugh S. Total Design ［M］. MA：Addison-Wesley，1990.

［3］Ulrich K T，Eppinger S D，Yang M C. Product Design and Development ［M］. Boston：McGraw – Hill Higher Education，2008.

［4］Tidd J，Bessant J. Managing Innovation：Integrating Technological，Market and Organizational Change ［M］. Chichester：John Wiley & Sons，2020.

［5］陈劲，郑刚. 创新管理：赢得持续竞争优势 ［M］. 北京：北京大学出版社，2009.

［6］俞东进，孙笑笑，王东京. 大数据：基础，技术与应用 ［M］. 北京：科学出版社，2022.

第3章 研发数字化

- 掌握研发的概念与特点
- 重点掌握研发数字化的定义、必要性及优势
- 理解研发数字化与传统研发的区别
- 了解企业实现研发数字化的主要内容
- 了解数字技术在研发数字化中的应用

引 例

A 集团的研发数字化转型

A 集团以治理现代化、产业数字化、数字产业化为目标导向，实现企业资源管理方式、运营服务模式的转型创新，培育数字经济新模式、新业态、新产业，助力数字中国建设。

在设施建设方面，A 集团主要采取了三大措施实现研发的数字化转型。首先，以"开放应用、整合通用、打牢共用"为战略导向，加大新一代信息基础设施建设投入，通过建设一体化数据中心、算力中心、泛在先进骨干网络，在基础架构层面实现"数联、智联、物联"三位一体的总体布局。其次，通过态势感知、网络监测等方式强化信息基础设施的网络安全能力和保护体系的建设，并成立专门的网络信息安全管理公司，构建支撑国有企业网络安全的平台保障和体系化能力。最后，秉承"以能力带产品，以

应用带产业"的研发投入思路，在数据运营服务、数据交易流通等领域，持续输出数字产品和解决方案，自主研发物联网开放体系架构，主导形成国际国家标准 20 余项，并在多家企业实现落地应用，形成企业"研发—增长—转型"的数字研发融合基础。

借助开放式、网络化、智慧化的研发设施，A 集团推动企业的传统研发活动逐步转变为技术开发一体化融通的科研模式。首先，着眼我国电子信息领域全面、系统、可持续的自主可控研发需求，探索形成"以应用促基础"的科技创新模式，在元器件、材料、装备、安全等 10 大领域体系布局研发资源，借助数字化研发的平台优势加快关键核心技术突破、转化。其次，围绕产业数字化应用新空间探索研发数字化融合模式，持续推动民用航空、轨道交通、智慧气象、智慧公安等成熟产业数字化能力提升，加快培育智慧司法、航天信息、应急管理、生态环境、卫生健康等新兴产业的数字化动能。最后，统筹规划技术路线和发展路径，加强基础数据治理体系建设，构建企业智慧管控应用体系，全面提高适应研发数字化转型的企业管理能力，推动传统科研院所组织架构的数字化转型。

资料来源：朱书昕，许成磊，段熠，等. 国有企业推进研发数字化转型的典型模式研究 [J]. 生产力研究，2023 (5)：124 – 130。

随着数字技术的快速进步，企业的研发范式正经历着一场革命性的转变，而这也将成为推动企业实现数字创新的关键力量。一方面，人工智能、虚拟现实、大数据等前沿技术的发展，为企业的研发活动带来了更多的可能性。另一方面，市场环境的快速变化也迫使企业摒弃传统的创新模式，向效率更高的数字化研发转型升级。本章将介绍企业研发数字化的概念，概括企业实现研发数字化的主要内容，总结当前企业研发数字化的主要特点，介绍数字技术在企业研发中的应用，从而回答以下三个问题：企业为何要推进研发数字化？如何推进研发数字化？以及研发数字化会给企业带来怎样的变化？

3.1　研发数字化的概念

3.1.1　研发的基本概念

1. 研发的定义

创新是一个连续的过程，涵盖了新产品创意产生、研究与开发、规模化生产、商业化等各项环节。因为各环节环环相扣、有序链接，所以这一有序的过程也被称为创新链。其中，研究与开发（research and development, R&D）指的是科学研究和新产品开发管理两项活动，又因为二者间存在着密不可分的关系，因此研究与开发常被简称为研发。20 世纪末，鲁塞尔等（Roussel et al., 1991）将研发定义为"发展新知识、应用科学知识或工程技术知识将不同领域的知识联系起来"，强调技术创新对企业经营的重大关键作用。在本章中，研发是指各种研究机构、企业通过运用新知识或组合已有知识，持续创造或改进技术、产品和服务的系统活动。

根据科学研究过程的阶段，研发通常可分为基础研究、应用研究、开发研究三类活动。

（1）基础研究。基础研究也可被称为理论研究，是针对科学原理开展的研究，旨在更深入地理解自然界物质运动的基本规律，揭示各种自然现象之间的联系，担负着探索新原理、开拓新领域的使命，为解决科学技术中的一系列实际问题提供理论指导。此类研究的主要目的并非追求即时的应用或商业价值，但其有潜力为公司带来长远且深刻的影响。

（2）应用研究。应用研究旨在探索基础研究成果的潜在应用，或是寻找实现特定目标的新方法和新途径。它专注于解决实际问题，提供解决方案的理论基础。在企业环境中，应用研究通常具有明确且具体的商业目标，专注于产品或流程的改进与优化，旨在发掘满足特定客户需求或行业标准的解决方案。

（3）开发研究。开发研究也可被称为试验发展，是在基础研究和应用研究的基础上，将研究成果应用于生产特定产品的过程。开发研究通常涉及中间试验、推广试验和生产试验等环节，总结生产制造所需要的知识和设计，并基于研究发现将实验产品转化为商业产品原型，实现产品的实用化和经济化。

上述三类研发活动间存在着密切的联系。首先，基础研究是应用研究和开发研究的基础。基础研究虽然不能直接产生社会效益，但它往往为技术的发展开辟新的道路，帮助现代科技发展实现重大突破。其次，应用研究是基础研究成果转化为生产力的中间环节。应用研究致力于发现科研成果的应用场景，对开拓新技术、发展新产业和革新生产技术具有重要作用。最后，开发研究是科研成果转化为社会生产力的保障。开发研究贯穿商品生产全过程，使基础研究和应用研究的潜在生产力转化为现实的社会生产力，实现了科研成果的推广，为经济建设作出巨大的贡献。

2. 研发的特点

企业的研发活动通常被认为具有以下四个特点。

（1）成本高。研发活动需要大量的人力成本、时间成本、资金成本、风险应对成本。自行研发需要企业花费大量的初始资金在研发人员和设备上，短期内可能导致企业的现金流为负数；合作研发还可能需要支付高额的许可费或特许权使用费，甚至签订长期销售与付款绑定协议。

（2）专有性强。当研发成果有价值且有独特性的时候，成果能够受到专利或保密协议的保护，从而成为公司的专有财产。专利可以使公司提前数年抢先实现利润最大化并巩固其在市场中的地位，为企业创造更大的商业价值。

（3）回报周期长。一方面，在研发过程中，企业可能会遇到一些技术上的挑战和风险，需要投入大量的时间和资源进行研究和试验。另一方面，研发过程中市场需求可能会发生变化，企业需要不断调整项目方向和目标，导致研发活动进程变缓、研发周期延长。产品研发周期通常需要几个月甚至几年的时间。

（4）不确定性高。研发的本质是创新，没有成熟的模式可以照搬，也没有确定的成功经验可以借鉴。过程中需要解决的技术问题可能非常复杂，涉及多个学科领域的综合运用，因此研发过程的技术风险很大。市场需求的变化、竞争态势的变化、政策法规的变化等都会给研发活动带来新的不确定性。

因此，并不是所有的企业都开展研发活动，例如制造业工厂主要通过批量化或规模化生产其他企业的订单获取利润。很多大企业在研发方面投入巨大，并凭借研发创新建立了不可复制的、长期的市场竞争优势。如今市场竞争日益激烈，越来越多的企业开始重视研发投入，希望通过产品或服务创新维持企业的优势。

为了更好地衡量不同企业的研发投资额，常常使用研发费用占销售收入的比例比较研发投资力度，即：研发占比 = 研发投入 ÷ 总销售收入 × 100%。鉴于研发人员对企业研发的重要性，研发人员占比也经常被用来衡量企业的研发投资程度或创新能力，具体公式如下：研发人员占比 = 研发人员数量 ÷ 总员工数量 × 100%。因为研发活动与创新活动间存在着直接的线性关系，研发占比通常还可以用来衡量企业的创新投入水平。

📖 **阅读材料**

2022 年全国科技经费投入统计结果

国家统计局 2023 年 9 月发布的《2022 年全国科技经费投入统计公报》显示，2022 年全国共投入研究与试验发展（R&D）经费 30782.9 亿元，比 2021 年增加 2826.6 亿元，增长 10.1%。研究与试验发展（R&D）经费投入强度（与国内生产总值之比）为 2.54%，比 2021 年提高 0.11 个百分点。按研究与试验发展（R&D）人员全时工作量计算的人均经费为 48.4 万元，比上年下降 0.5 万元。

从活动类型来看，基础研究经费占总研发比重为 6.57%，应用研究经费占总研发比重为 11.3%，试验发展经费占总研发比重为 11.3% 和 82.1%。具体来说，全国基础研究经费 2023.5 亿元，比上年增长 11.4%；应用研究经费 3482.5 亿元，增长 10.7%；试验发展经费 25276.9 亿元，增长 9.9%。

从活动主体来看，企业、政府属研究机构、高等学校经费占总研发比重分别为 77.6%、12.4% 和 7.8%。各类企业研究与试验发展（R&D）经费 23878.6 亿元，比上年增长 11.0%；政府属研究机构经费 3814.4 亿元，增长 2.6%；高等学校经费 2412.4 亿元，增长 10.6%；其他主体经费 677.5 亿元，增长 22.3%。

总体来说，21 世纪以来，我国研发投入水平从 2000 年的 896 亿元增长到 2022 年突破 3 万亿元，扩大了 33 倍，平均增速达 17.4%，其中基础研究经费已经在全球排名第二。持续快速的研发投入增长为我国科研事业发展提供了强有力的财力保障。

资料来源：2022 年全国科技经费投入统计公报［EB/OL］.（2023 - 09 - 18）［2024 - 04 - 11］. https://www. gov. cn/lianbo/bumen/202309/content_6904759. htm。

3. 研发的演进历程

随着复杂系统、战略管理、营销管理等新思想的兴起，企业对研发功能的认识发生了根本性改变，研发在企业战略运营中的重要性日益凸显。鲁塞尔等（Roussel et al.，1991）将企业内部研发活动的地位演变过程划分为四个阶段。

（1）第一代研发。第一代研发也被称为直觉型研发，主要集中在 19 世纪后期至 20 世纪 40 年代，以从既有知识向新知识跳跃为特征，管理的核心是产品技术，是一种极为初级的管理活动。组织仅能认知研发活动的专业性特征，但尚未认识到研发活动对于企业营运的重要性与关联性。

第一代的研发管理并没有明显的战略目的，研发与当前业务没有直接关联，研发活动主要由科学家与技术专家主导，企业高层不参与研发相关的决策。处于这一阶段的企业，一般将研发视为可有可无的行为，对于研发支出采取成本控制的方式，也不期待研发成果给当前经营带来显著的贡献，因此研发部门每年都要主动向企业争取部门预算。此外，研发部门本身对于研发活动也没有一套系统化的管理方式，研发主题选择大都由技术人员自主决定，没有明确的商业化动机，研发成果的评量也都以技术产出指标为主。

（2）第二代研发。第二代研发也被称为系统型研发，主要集中在 20 世纪 50～80 年代，以新知识的适用性为重点，管理的核心是项目。这一阶段的研发活动虽然被看作公司运营的一部分，但仍处于从属地位。其作用是配合业务部门实现公司的经营目标，缺乏对技术创新的规范管理和有效引导。

在第二代研发管理中，企业的研发活动与业务逐渐产生联结关系，主要形式为业务部门提出需求后研发部门被动配合。组织仍然采取功能性分工，部分与业务目标相关的研发项目，也开始采取短阵式的管理方式。研发活动依据项目的类型，采取不同的绩效评估与管理方式：基础研究的目标与方向，仍然由研发专业人员自行掌控，并无正式的项目管理，绩效衡量以同僚评估与技术指标为主；应用研究与开发研究的指标都需要与业务部门共同协商决定，采取较为严谨的项目管理，并以比较明确的经济效益指标来评估研发活动的绩效。

（3）第三代研发。第三代研发也被称为战略与目标型研发，主要从20世纪80年代后期发展至今，以技术创新为特征。这阶段将研发管理和企业运营密切结合，技术创新成为创造企业竞争优势的重要因素，研发创新成为企业经营战略规划中不可或缺的一部分。

第三代研发管理将研发活动整合进企业的整体战略框架中，从而使研发活动具有明确的策略目标，并与企业的长远发展紧密相连。因为技术创新成为企业运营中不可或缺的一部分，所以公司经常通过跨部门的矩阵式组织结构来推动创新活动。对于重要的创新项目，公司也会采取独立项目小组的方式，超越部门本位的限制，由公司高层来直接领导重大的技术创新活动。随着研发活动地位大幅提升，公司投入研发创新的经费大幅增加，也更加重视对研发成果的绩效评估。现实中的科技企业大都已经进入第三代研发管理的阶段。

（4）第四代研发。第四代研发也被称为创新型研发，在实践中只有少数领先企业已经进入第四代研发管理阶段。第四代研发以技术创新作为经营的核心，结合数字技术打造研发优势。企业将技术创新视为构建战略性竞争优势的主要手段，将其置于经营战略的核心位置。为此，企业在研发活动中投入更多的资金、资源和自主权，以获得竞争优势和经济效益。

第四代研发管理主要针对未来市场发展所需的未来技术，强调提前掌握市场机会，攫取较高的市场利益。虽然在许多作业管理方面仍持续第三代研发管理的作为，但两者的主要差异在于对技术创新的战略态度。第四代研发管理更为重视研发活动所带来的战略性效益，因此给予研发部门更多的自主发挥权力，研发资源的运用也较为弹性宽松。企业将研发投资视为一种知识资产，并认为这种知识资产将创造比其他有形资产更高的投资回报率。此外，第四代研发管理强调未来技术带来的非连续性创新（颠覆性创新），与第三代重视市场需求和持续性创新的本质存在较大的差异。但这也意味着，企业需要面对未来市场的不确定性，承担投入开发新技术与新产品的高度风险。

从上述研发的四个发展阶段可以看出，研究开发在企业管理中扮演着越来越重要的角色。在当前的知识经济时代，企业开始关注如何拟定前瞻性的研发战略，如何有效管理企业的研发活动，如何提高研发的产出绩效。为了实现上述目标，很多大型企业引入研发管理体系，以规范和统一产品开发流程。常见的研发管理体系包括基于软件能力成熟度模型集成（CMMI）的研发体系、基于敏捷模式的研发体系、基于集成产品开发（IPD）的研发体系。其中，CMMI 研发体系和敏捷研发体系是实践级流程，强调"正确地做事"，不具备高层决策能力。IPD 是公司运营级流程，不但包括了"正确地做事"的实践流程，还包括了"做正确的事"的规划功能。

📖 阅读材料

IPD 研发管理体系

PRTM 公司最早于 1986 年提出基于产品及周期优化法理念的产品研发流程，被很多公司作为实践模型引进。1992 年，PRTM 公司的创始人发表的著作中详细描述了产品及周期优化法（PACE）所包含的各个方面，标志着产品及周期优化法体系的成熟。IBM 公司在 1992 年遭受了巨大的经营挫折后，于 1993 年引入了 PRTM 公司的 PACE，实施 3 年后获得了巨大的成功，并在 PACE 的基础上总结了一套行之有效的产品研发模式——IPD，从此 IPD 正式诞生。IPD 全称"integrated product development"，译为集成产品开发。受到 IBM 成功经验的影响，IPD 或与之类似的方法被众多世界知名公司采用。20 世纪 90 年代末，PRTM 公司规模越来越大，但产品的毛利率、人均效益却逐年下降。为建立科学规范的研发管理体系，PRTM 公司1997 年考察多家世界级企业后，请 IBM 作为咨询方帮助解决问题。PRTM公司 IPD 项目从 1999 年正式启动。在引入 IPD 体系后，PRTM 公司经过 20多年的产品研发体系大变革，最终打造出了强大的产品竞争力和研发能力。

IPD 研发体系的核心思想共包括以下六点：（1）新产品开发是投资行

为。在人力、物力、时间等资源有限的情况下，企业可以通过 IPD 合理进行方向规划和产品开发优先级排序，保障企业收益最大化；通过结构化的流程和决策，实现项目资源协调、风险控制和成本控制。（2）以市场为导向开发新产品。企业在开发新产品或新技术之前，需要充分开展需求管理和市场管理活动。在产品开发过程中，正确定义市场需求和产品概念，贯彻以客户为中心的开发设计理念。（3）业务分层管理。为实现快速开发，企业需要将业务拆分为多个层级，包括技术部件、子系统、平台、产品方案等，通过技术独立研究、模块逐层集成、根据共性需求组合形成产品平台、根据个性需求增加相应功能的流程，形成满足客户个性化需求的产品方案。（4）异步开发模式。在统一的规划和指导下，企业将开发过程活动分解为合理的结构、清晰的层次、明确的任务，分别由不同的团队并行完成相关的开发工作。（5）跨部门协作。研发过程各阶段需要由不同的团队分工负责，各团队分别负责本环节范畴内的专职工作，并与其他团队展开协作。（6）重视人才能力培养。在建立培养研发团队的过程中，公司需要在人力成本上投入大量资金，建立相应的系统化人才培养体系、绩效考核科学评价体系、内部知识管理工程。

资料来源：索胜军. 研发流程再造：基于 IPD 的研发与质量管理实践［M］. 北京：企业管理出版社，2023。

3.1.2　研发数字化的基本概念

在数字经济时代，技术的快速进步与生产要素的自由流通正在重塑市场的竞争格局，极大地改变了企业传统的运营模式。创新作为企业获取竞争优势的重要途径，越来越受到企业的重视。当前领先企业的创新活动逐渐呈现出网络化的趋势。具体来说，在企业内部，产品构思、应用研究、试验开发、生产制造、工艺完善、营销设计、市场开发等各环节间均存在复杂的互动关系。在企业外部，企业更加重视战略性客户、主要供应商、科研机构、同行业企业间的技术合作与战略合作。然而，传统的研发模式已经无法满足网络化创新模式对研发活动提出的需求。因此，企业加速研发的数字化转型，是顺应研发演化趋势的必然选择，也是持续提升创新能力的关键步骤。

1. 研发数字化的定义

研发数字化是研发活动的数字化转型与升级，它是指企业在研发活动中有效地应用新型数字技术和数字基础设施，提升研发活动的效率和质量。研发数字化不仅仅是技术的变革，还涉及企业的研发流程、组织结构、文化氛围等多方面的变革。通过研发活动的数字化转型，企业不仅能够降低产品研发成本、提升产品研发效率，还可以更快地实现技术创新，提高产品和服务的质量和价值，更快地响应市场变化，最终实现企业的持续竞争优势。

2. 研发数字化的必要性

（1）研发环节的数字化转型对企业全面实现数字化至关重要。在数字经济新时代背景下，互联网、软件和云计算等数字技术与基础设施的涌现正在重塑市场竞争格局（各时代特点的演变见表3-1），迫使企业加快数字化转型的步伐。以汽车行业为例，2010年一辆汽车中的软件代码已高达1亿行，甚至是Windows操作系统的两倍。随着自动驾驶和电气化等技术的发展，软件在汽车行业中的地位日益显著，推动汽车企业迈向全面数字化转型的未来。目前，企业在制造、营销、服务等领域已经探索出较为成熟的数字化实践路径，但研发环节的数字化进程却显得相对滞后。如果作为创新核心的研发环节无法实现数字化转型，企业的持续创新能力将大幅减弱，部门间的数字化协作效率也将受到严重影响。因此，在企业数字化转型的进程中，加快推进研发环节的数字化已变得尤为迫切。

表3-1　　　　　　　　　　技术革命时代及特点

时间	时代	新技术体系	新基础设施	开启新时代的创新	管理创新
1771～1829年	工业革命	水利机械化	运河、收费公路、大型帆船	阿克赖特的克劳姆弗德水力纺纱工厂（1771年）	工厂体系、企业家精神、合伙企业
1829～1873年	蒸汽和铁路时代	蒸汽机和运输	铁路、电报、蒸汽船	利物浦-曼彻斯特铁路（1831年）	股份制公司、分包制
1975～1918年	钢铁和工程时代	电气设备和运输	钢轨铁路、全球电报	卡耐基钢铁厂（1875年）	专业管理体系、泰勒主义巨头企业
1908～1974年	石油和大规模生产时代	运输和经济的机械化	广播、高速公路、机场	福特高地公园装配线（1913年）	大规模生产和消费、福特主义、精益

时间	时代	新技术体系	新基础设施	开启新时代的创新	管理创新
1971 年至今	软件和数字时代	数字化经济	互联网、软件、云计算	英特尔微处理器(1971 年)	网络、平台、风险资本

资料来源：米克·科斯腾. 价值流动：数字化场景下软件研发效能与业务敏捷的关键［M］. 张乐等译. 北京：清华大学出版社，2022。

（2）复杂多变的市场环境倒逼研发环节的数字化。市场需求的快速变化正在倒逼企业推进研发活动的数字化进程。早在 2016 年，《中国产品开发调研报告》就已经指出，提升技术革新速度和缩短产品设计周期是推动我国成为设计和工程活动中心的两大主要趋势。麦肯锡公司于 2021 年发布报告指出，中国企业正在面临巨大的研发压力，造成这一局面的市场因素之一是客户通常要求大规模的定制化和更短的上市时间。相比于跨国公司，我国本土企业面对着更加庞大的市场和更加激烈的竞争，因此更需要满足客户的个性化需求。为了满足多变的市场需求，企业必须加快实现研发的数字化升级，以提高企业产品与服务创新的效率。

3. 研发数字化的优势

研发数字化的优势可分为改进现有研发流程、创造新的价值、提升市场竞争力三个方面。

（1）既有研发活动的降本增效。数字化研发通过引入新一代信息技术，如自动化工具和协同平台，加快研发团队的设计、测试和迭代进程，显著提高研发流程的效率。数字化研发能够更加有效地管理和分配研发人力、材料和能源等资源，实现资源的最优配置和使用。数字化研发还可以使用仿真和建模技术减少实物制作，减少不必要的资源浪费，降低研发的整体成本。

（2）新研发机会的开拓。数字化研发通过使用信息化手段，促进知识的积累和共享，为创新提供了更丰富的土壤。数据分析和人工智能等新型数字技术的应用能够帮助研发团队发现新的研发机会，推动产品和服务的创新。数字化研发还可以通过预测分析来制定相应的风险控制策略，降低企业研发失败的可能性。

（3）市场竞争力的提升。在产品方面，数字化研发帮助企业实现数据的实时监控与分析，有助于发现并修正产品中的问题，从而提高产品的质量和可靠性。在市场方面，研发数字化强调企业可借助数字工具快速收集市场变化和客户需求，快速进行产品迭代和定制化服务，从而提供更具竞争力的产品和服务。

📖 阅读材料

博威合金打造数字研发平台

宁波博威合金材料股份有限公司创建于 1993 年，2011 年 1 月在上交所主板上市。经过近 30 年快速健康发展，在全球拥有中国、德国、加拿大、越南等九大专业化制造基地，成为集新材料、新能源等产业于一体的科技型、国际化公司。

2019 年，博威合金开展数字化转型计划，并在 2021 年 10 月成功上线有色合金新材料数字化研发平台。这一数字化研发平台汇集了企业 30 年积累的海量数据，形成宝贵的数字资产，不仅大大缩短研发周期，还能通过计算仿真、数字孪生等技术有效减少实验试错，并与客户开展协同创新，不断推出新产品。该平台已成功运用在智能手机、半导体封装、5G 智能终端产品、新能源汽车连接器、航天飞船连接器中，并发挥着关键作用。

钛青铜研发的成功是博威合金数字化研发的典型案例之一。钛青铜合金材料，具备优异的抗疲劳性能，因合金材料中加入极易氧化的钛元素，制备难度几何级提升，传统制造方式几乎无法实现，因此该材料一直依赖进口。博威合金研发团队依托数字化研发系统，用计算机代替传统试错，基于数据推荐最佳工艺，短短两个月时间，就突破了关键的技术工序，填补了国内钛青铜生产的空白，为下游应用端交出了高分的解决方案。

资料来源：博威合金："小材"大用"链"动创新 [EB/OL]. （2023 – 02 – 14）[2024 – 04 – 11]. http://www.nbyz.gov.cn/art/2023/2/14/art_1229108303_59197835.html。

3.2　研发数字化的特点

研发数字化通过在传统研发活动中整合新兴数字技术，在研发创意的获取途径、研发团队的组织方式、研发流程的环节设置等多方面发生较大的变化。总体来说，与传统的企业研发活动相比较，数字化研发呈现出参与主体多元化、合作模式开放化、协作流程自由化的特点。

3.2.1 参与主体多元化

在传统的企业创新模式中，企业研发体系通常是单一且封闭的。为了在行业内保持领导地位，企业通常建立内部研发实验室、聘请创造性的科学家和工程师，通过内部研发实现技术突破。研发部门与研发团队在企业内保持独立的地位，发挥着对业务部门的支持作用。随着数字经济时代市场和商业模式发生转变，创新在企业中的重要性越来越高。为了适应市场的快速变化，研发通常需要充分整合市场需求和业务需要，对不同部门间合作和协同的效率提出了极大的要求。

在数字化时代中，企业内部创新模式已经从传统的研发部门责任制转变为全企业协同创新，强调资源以不同的方式进行组合，创造出新的价值。研发活动的参与主体从研发人员逐渐拓展到更大的员工范围，研发从单一主体模式正向团队化、公司化的方向发展。不同部门的员工可以通过企业的数字化协同平台提供差异化的信息与知识，通过数字化协同技术参与企业的研发活动。而研发部门也可以借助信息化手段和工具整合企业内部资源，提升研发活动的质量和效率。

更进一步地，企业可以打造全员高效协同的创新环境，促进各部门与研发部门合作创新。激发企业内部每一名员工的创造力，能够充分发挥内部人才的创新能力，帮助企业挖掘更多研发机会，提升企业业务协同效率。

📖 **阅读材料**

Z 公司搭建 A/B 测试平台

A/B 测试是一种在线实验，指的是将线上流量随机分给原策略 A 和新策略 B，在排除干扰的情况下，结合相关统计方法对策略 B 进行效果评估。换句话说，A/B 测试可以比较同一目标的 A、B 两种方案哪种更加有效，是一种能够验证因果关系的随机对照实验。因为结合了数字化技术，A/B测试相较于传统的"随机双盲实验"，具有低成本、大流量、传播快等特点。

借鉴国外开展 A/B 测试的经验，2012 年 Z 公司引入这种实验方法进行算法迭代。2014 年 2 月，A/B 测试成为公司内的体系化工具，形态上类似于小程序，员工改变配置即可进行实验。2016 年，Z 公司将 A/B 测试相关的工具进行整合并创立实验平台。截至 2023 年 6 月，该实验平台已经为公司内 500 多个业务提供 A/B 测试评估和智能优化服务，平台累计做实验超240 万次，每日新增实验数量可超过 4000 次。实验平台整合了公司内部与A/B 测试相关的人才与数据资源，汇集了大量测试知识经验，为各业务部门提供数据支持服务，从而帮助公司实现了全员参与低成本试错的目标，为企业的快速迭代和创新研发提供了坚实的保障。

资料来源：戴蕙阳，李惠，王珂，等．数字平台的治理：以 A/B 测试平台在字节跳动的实践为例［J］．清华管理评论，2023（10）：76 - 82。

3.2.2　合作模式开放化

数字技术快速发展创造了更多机会的同时，也加快了信息与技术的传播速度。知识与信息的快速流通打破了企业内部研发所建立的技术壁垒，导致封闭式的研发体系无法创造企业的竞争优势。与此同时，满足市场需求逐渐成为企业实现经济规模的前提，因此企业需要整合市场信息指导研发活动的方向。开放式创新模式指出，企业应充分结合内部及外部的资源和想法，来加速企业内部的创新进程，包括但不限于供应商、国内外研发机构、研究所、高校等组织（见图 3 - 1）。在这种情况下，企业的研发合作体系逐渐从封闭式演化为开放式，强调打破企业边界，实现企业与其他创新主体的互利共生、协同共演。

企业的创新模式已经从局限于企业内部转变为生态协同创新。创新生态系统强调生态系统的所有参与者可以齐心协力创造一系列解决方案，实现价值创造和价值共享。对于某一家企业而言，与外部伙伴建立合作关系实现了双方资源和能力的互补，通过对原来独立完整的研发任务进行分解，并根据参与组织的各自优势进行分配，大幅提高了研发效率，加快了研发

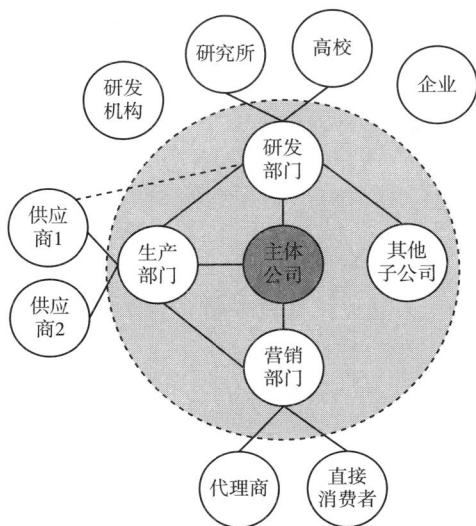

图 3-1 研发部门的内外部网络关系

进程。当企业内部技术研发成本或风险过高时，创新生态系统还能实现成本分摊及风险共担，增强了企业应对不确定性的能力，最终也提高了创新研发的效率。随着数字技术的进步，创新生态系统可以利用更加先进的技术手段达成沟通与合作，大大提高了创新生态系统协调与发展的效率。

部分大型企业逐渐具备了数字化统筹管理的能力，开始基于自身业务需求建立企业的创新生态系统，其中最典型的是企业物联网社群生态。在物联网社群生态中，主体企业是生态圈的骨干企业，承担着提供数字基础设施、维护生态共同繁荣的职责。因此，主体企业需要为生态中的企业提供发展机会，提升企业间的沟通效率，推动各方在相互配合、协作中共同创造价值。

📃 阅读材料

M 公司打造物联网生态

2010 年 M 公司正式成立时的目标群体定位于手机极客发烧友，其第一款产品开放式操作系统积累了数十万的用户基础。

2014 年之后，针对手机市场红利的消逝以及物联网（IoT）时代的到来，M 公司开始进一步丰富产品种类和内涵。首先，开发新产品，丰富产品种类。2014 年 1 月，M 公司成立生态链部门，通过"投资 + 孵化"生态链企业的模式开发了近百种产品，为物联网布局奠定了基础。其次，开发 IoT 模块，丰富产品内涵。M 公司认为万物互联是大势所趋，"连接和智能"成为 M 公司发展硬件的逻辑。一方面，企业明确了"不做硬件做平台"的物联网战略，开发了一个嵌入一套通信协议的 Wi-Fi 模组，使硬件产品嵌入该模组可以和云端连接并被手机控制。另一方面，研发智能模块，通过网关和传感器产生并收集数据，优化产品功能。最后，制定 IoT 战略，产品互联互动。2015 年，围绕"以手机为中心连接所有智能设备"的 IoT 战略，M 公司对外发布了标准化 IoT 模组，赋予产品感知识别性和连接性，实现手机周边产品、智能硬件间的物物联动。

经过 3 年的发展，M 公司的 IoT 平台已成为全球最大的智能硬件平台。M 公司的智能互联产品系统不仅打造智能互联产品，还通过单品连接和物物联动的方式，将单独、离散的产品整合为定制化、集成化的系统性解决方案，从而满足用户更广泛的潜在需求。产品的网络效应进一步提升了 M 公司在 IoT 领域的运营效率、资源掌控和独特竞争力，并推动了 M 公司由智能手机制造商向 IoT 平台的企业身份转型。

资料来源：曹鑫，欧阳桃花，黄江明. 智能互联产品重塑企业边界研究：小米案例 [J]. 管理世界，2022，38（4）：125-142。

3.2.3 协作流程自由化

在传统研发流程中，各环节通常是线性排布、步骤固定的。各环节涉及的主要人员按流程参与研发工作，彼此间存在着信息和物理隔离。这种传统的研发方式较少考虑制造分析、用户需求和外部环境的变化，一定程度上导致了企业内的决策偏差。正如上文所讲，当前研发工作不仅需要研发部门成员参与，还可能需要来自内部其他业务部门、外部研究机构的成员共同开展密切合作，协同开发新产品。

依靠数字化协同研发系统，企业的研发活动逐渐呈现出协作流程自由化的特点，主要体现在以下两个方面。第一，在流程管理方面，协同研发系统通过产品全链路管理，打通数字化设计、仿真、工艺、制造等环节，更好地统筹研发工作。项目流程可以更加动态地调整，以适应快速变化的市场和技术环境。第二，协同研发系统可以提供在线协作工具，实现研发团队的跨界和远程协作。利用实时沟通软件、共享文档与文件库、在线会议平台等工具，不同部门的研发人员可以开展远程办公、线上会议、文件云存储等活动，不受时空限制实时共享数据、交流想法，提高研发工作效率。

📖 **阅读材料**

云雀线上协同研发平台助推航天科工数字化转型

面对新冠疫情，充分利用信息化手段、以云端在线工作方式取代传统面对面工作方式，成了迫在眉睫的头等大事。中国航天科工某单位自主研发了云雀协同研发平台，通过微服务架构构建面向科研生产多场景的协同应用，目标是在平台的逐步建设中实现协同研讨、在线会议、工具管理和协同设计等核心功能。

在协同研讨、在线会议、协同编辑等功能的基础上，该单位又通过"搭积木"的方式逐步上线了任务协同、仿真协同、工具管理、模型管理、知识管理、质量评审等核心功能，帮助设计师逐步将线下设计沟通转为在线协同研发，实现了"任务自动流转、工具在线设计、专业仿真协同、知识智能推送"。

这种方式让设计师论证沟通时长缩短 60%，工具及模型开发效率提升 50%，协同仿真效率提升 80%，同时也确保了数据的安全可控以及全流程的数据可追溯，为设计师打通了协同研发的"高速路"。越来越丰富的平台功能使得云雀像"七巧板"一样可以拼搭出更多的应用场景，帮助航天、航空、船舶等其他大国重器的协同研发。

资料来源：赵磊. 航天"云雀"为产品研发插上翱翔的翅膀［N/OL］.（2023 - 07 - 28）［2024 - 04 - 11］. http：//cn. chinadaily. com. cn/a/202307/28/WS64c3a98fa3109d7585e47028. html.

3.3 研发数字化的内容

前两节主要介绍了研发数字化的核心思想和理念，从管理的角度阐述企业推进研发数字化转型的重要性。本节将主要介绍企业在实践中实现研发数字化需要推进的工作，具体包括三个方面。首先，积累研发数字化的基础材料，主要指的是研发数据的采集和聚合。其次，完善研发流程的数字化管控，从过程视角提升研发全流程各环节的效率。最后，提供数字化研发所需的工具和场景，提高研发人员在实际研发活动中的工作效率。

3.3.1 基础积累：数据库与知识工程建设

1. 基本概念

研发数据库与知识工程建设主要指的是企业有效地管理和整合各类研发数据，包括设计文件、工程数据、测试结果、供应商信息等，使员工岗位隐性知识得到有效的保存和积累，形成组织资产。有些企业将员工岗位知识视为企业数据的一部分，因此这一过程也可以被统称为数据仓库建设、智能化知识系统建设等。

在建设数字化研发平台的过程中，企业首先需要加强数据库与知识库的建设工作。如果数据和知识不统一，可能导致研发人员面临基础数据不全面细致、问题和信息无法及时更新反馈等问题，从而阻碍研发活动的进程。通过数据与知识的集中管理和共享，研发团队成员可以更加便捷地访问和共享数据，提高协作效率和决策能力。

2. 作用

建设企业研发数据库与知识工程主要有三方面的作用。

（1）数据集中管理。数据库与知识工程可以将散乱的数据与知识整合到一个统一的平台，实现集中管理，便于查找和维护。

（2）数据安全性提升。数据系统具备强大的权限管理和数据加密功能，有效保障数据与知识安全，防范数据泄露风险。

（3）工作效率提升。数据库与知识工程可以优化查询算法和索引机制，帮助研发人员提高数据检索与知识获取速度，提高工作效率，加快知识转化，为企业决策提供及时、准确的支持。

3．实现方法

（1）建设企业研发数据库共包含以下三个方面的内容：

第一，建立完整的数据模型。数据模型的目的是正确地定义数据，对数据进行分类，确定数据交互的标准。

第二，建立数据服务体系。根据业务架构的设计，选择合适的数据技术与数据平台，通过数据交互接口实现数据的交换，保证数据源的一致性。

第三，建立数据的治理体系。数据治理包括数据的资产权力管理、数据的合规和安全管理、数据的生命周期管理等，确保数据流通的规范性。

（2）建设企业知识工程共包含以下四个方面的内容：

第一，根据科技发展与行业现状不断补充知识文库内容。

第二，归纳总结过去员工积累的经验、教训等，将非结构化、零散的知识进行集成与整合，并通过信息技术手段有效地展现出来。

第三，完善知识管理平台的存储、查询、推送等功能，为建立学习型组织奠定基础。

第四，实现知识管理工程与其他业务模块的互通互动，提高企业各环节的协同效率。比如在与人力资源模块联合使用方面，可以通过在人力资源模块中定制员工培训计划、将知识管理工程数据用于职级评定等环节，提升人力资源管理效率。

📖 阅读材料

数字化研发知识工程建设

对反应堆研发工程中需求、设计、仿真等过程产生的数据、知识进行综合管理与应用，是提升核反应堆工程研制效率的重要手段。我国某科研单位采用知识工程建设方法论，从资源、技术、流程、人 4 个维度梳理了知识工程建设的要点，制定了知识资源、工具方法、多维赋能、制度组织组成的"四位一体"知识工程顶层规划。

知识工程的建设实施共包括四方面工作：

（1）知识资源体系化。首先，通过知识梳理形成9大类的4级知识结构体系及标签，勾画出反应堆研发和设计的整体知识结构。其次，从主观层面挖掘专业人员使用倾向，形成法规导则、使用教程等面向知识使用者的知识属性。最后，整合内外部所有显性知识资源，形成100多万条数据的显性知识。

（2）构建知识工程集成研发环境。首先，构建基于研发流程的知识工程系统，使知识工程系统的应用功能可以通过调用、引用、集成接口等方式绑定研发流程。其次，固化隐性知识萃取方法，形成收集科研人员隐性知识的工具。最后，打通后端数据系统接口，实现显性知识资源的归类整合。

（3）构建知识应用场景。构建知识学习、工作指引、问题解答场景，指导用户有针对性地学习、讨论与互动。

（4）提供伴随式知识服务。Web前端开发实现浮动窗口效果，后台根据主页面关键数据信息主动在浮窗推送关联的知识资源，为项目管理、高性能计算、模型仿真等研发过程提供伴随式知识服务。

资料来源：李聪，徐浩然，颜雄，等.核设计院数字化研发知识工程建设［J］.科技视界，2023（13）：76-80。

3.3.2　过程管理：研发流程数字化管控

1. 基本概念

企业研发产品需要围绕产品研发流程的各个环节开展活动，具体包括需求调查、产品规划、技术规划、立项论证、概要设计、机电软硬件设计、样品实现、内部测试、外部测试、项目收尾等环节。而研发流程数字化管控指的是企业在数字技术、研发组织变革的驱动下，推动研发各环节数字化、标准化、自动化，从而使研发过程更加高效、智能、可视化，确保研发项目全过程各环节可控、项目执行有据可依。

为了更好地实现研发流程控制，企业需要根据长期战略规划和研发工作职能，对研发团队进行区分管理，从而提高企业的研发效率。研发各阶段需要由不同的团队分工负责，各团队分别负责本环节范畴内的专职工作，并与其他团队展开协作。

2. 作用

研发流程数字化管控主要有三方面的作用。

（1）流程管理标准化。在流程环节与组织优化过程中，企业需要不断建立标准。这些标准也帮助企业统一秩序、提炼公共要素、减少重复劳动、降低错误的重复出现，确保企业在一定范围内获得最佳秩序。

（2）流程数据透明化。在研发流程数字化管理过程中，每个环节的审批和管理都有数据的记录和收集。严格的数字体系能够确保项目执行有据可依，审批更加透明、可追溯，提升企业对研发流程的管控效率。

（3）协同效率高效化。研发环节与管理要素的数字化设计，例如智能提示、预警提醒、逾期督促等功能，能够帮助企业解决不同部门的任务目标和工作计划管理不一致、不聚焦、不同步等问题，进而实现任务分解规范化、资源配置系统化、任务发布指向化、跨部门协同高效化。

3. 实现方法

在数字化协同研发管理平台等数字化工具的帮助下，企业需要完成三方面的工作。

（1）优化并标准化现有产品研发流程。通过重新设计和优化流程，消除研发过程中的瓶颈和冗余，提高效率和质量；制定标准化的工作流程和规范，确保各个团队和部门遵循统一的标准协同工作。

（2）提高各环节的可视性和反馈及时性。利用数字化平台实现研发环节可视化，提高项目进展的能见度。对多项关键绩效指标（key performance indicator，KPI）实施有效监控及预警，方便执行者及时获取研发流程数据，为管理者提供决策支持。

（3）实现研发环节与其他环节的打通。在系统管理过程中，建立与其他信息化系统的数据接口，例如企业资源计划（enterprise resource planning，ERP）、财务、营销等系统，实现企业内部各类数据的同步和共享，防止研发环节成为企业的信息孤岛。

📖 阅读材料

A 企业的研发流水式作业

A 企业依照项目管理的方法管理研发项目。具体来说就是：根据研发项目需要,公司临时组建团队(可能是跨部门、跨企业、校企合作),再根据项目进度计划调度分配工作;公司使用信息化平台的流程规范和考核机制监督企业内部各部门的合作情况,确保项目的跨部门协同研发效率。

在研发环节,A企业按研发阶段进行专业化分工,培养研发人员成为细分领域专家,再通过项目管理进行资源整合,让每个环节都由能力相匹配的人员去完成。如图3-2所示,研发过程各阶段由不同的团队分工负责,类似于产品生产流水线的各工种分工和协作,由项目经理依据项目管理思想实施全过程、全要素的管理,形成高水平的流水式研发。除决策团队及产品经理团队,其他各团队均在各单位技术中心内部设立。

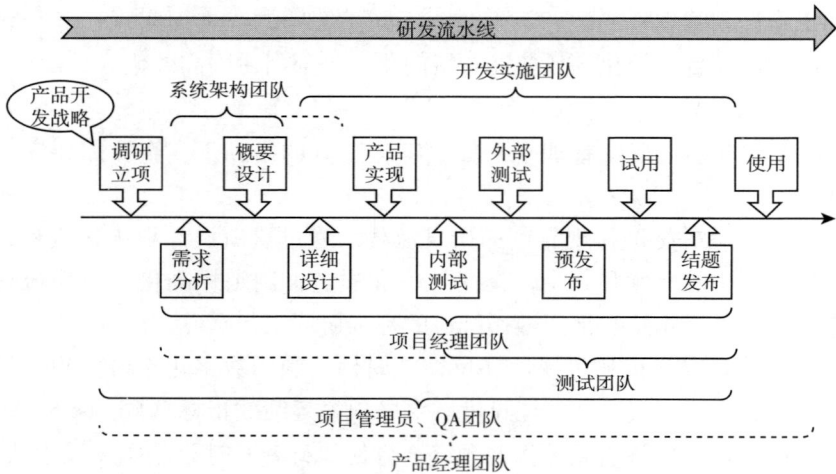

图3-2 软件研发流水线及核心团队分工

A企业已自主建设了一体化数字运营管理平台,用于企业的全链路管理。为更好地统筹集成研发与工业设计软件互联、全面打通数字化研发过程、支撑异地设计制造协同模式,A企业开启了数字化协同研发管理平台的设计与实现之路。数字化协同管理平台分为产品生命周期管理、工业设计软件、数字孪生和构型管理4部分,其中研发流程又分为产技规划、需求分析、项目创建、项目计划、计划实施、流程管控、成果管理和项目结项8部分。

资料来源:陈南峰.打造数字化研发流水线[M].北京:电子工业出版社,2023.

3.3.3　工具赋能：研发工具与功能集成

1. 基本概念

在时间紧、任务重的情况下，企业有限的资源一旦投入重复性的产品研发工作中，将面临研发效率下降、成本上升、项目周期延长等问题，甚至使研发产品面临质量风险。研发工具与功能集成是指将多种研发工具和软件包整合到统一的平台或系统中，通过构建共用模块，实现不同产品、系统之间产品、技术、架构和模板的共享。

2. 作用

研发工具与功能集成的作用包括以下四点。

（1）提高效率。在统一的系统里进行项目开发、代码编写、编译、测试、调试和部署等操作，减少研发人员在不同工具之间切换的时间和精力。在共享的基础上，新技术、新特征的补充更为便捷，有助于企业加快对市场变化的响应速度，更迅速地研发新产品。

（2）降低成本。技术、软件、硬件被大量共享，可以极大幅度降低研发和生产的成本。

（3）提高可靠性。共享成熟度较高的货架产品、开源技术，能够大大增加研发产品的稳定性和可靠性。

（4）节约资源。通过共享产品、技术、架构和模板，可以减少重复性的动作，释放大量的人力资源。

3. 实现方法

研发工具与功能集成系统建设工作需要从规划、开发、使用、维护和监控五个方面开展，如图 3 - 3 所示。

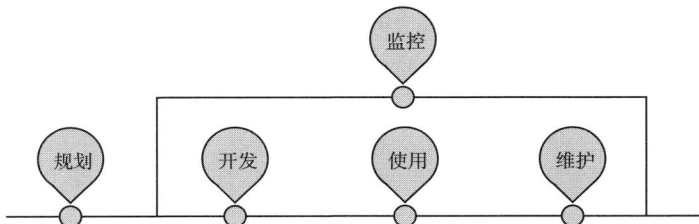

图 3 - 3　研发工具与功能集成体系建设流程

（1）系统规划。系统规划通常需要对本公司产品和技术发展趋势、产品特点和产品定位进行分析，紧密结合产品研发与生产活动的特点。规划要点包括平台构建、需求分析、共享产品规划、共享技术规划、共享架构规划、共享模板规划等。

（2）系统开发。规划确定后，系统可以进入开发阶段，具体包括明确开发内容与交付物、规划开发周期、指定开发负责人、拟定开发计划等。研发工具与功能集成可以通过各种方式实现，如插件式集成、扩展式集成、菜单式集成、云端集成等。企业需要根据自身业务发展需求选择合适的研发工具，再结合团队习惯选择合适的集成方式。

（3）系统使用。研发工具与功能集成系统的使用是其发挥价值的关键步骤。企业需要为系统制定相应的管理制度，规范共享模板的使用与执行，建立规范的使用流程，制定增量激励制度，运用数字化平台对系统实施管理。

（4）系统维护。随着产品和业务的发展，研发工具与功能集成系统可能需要进行维护更新，包括修订、增补和下架相关内容。在此过程中要慎重考虑更新后的系统与之前系统的兼容性，避免给后续产品的开发、售后带来不必要的麻烦。维护后，应及时通知所有具有使用权限的员工维护变更的内容、后续使用注意事项等。

（5）系统监护。为了提高研发工具与功能集成系统的质量与复用率，并保证系统数据库保持在可控范围内，企业需要监测系统在产品设计和技术研发过程中的使用，及时发现并处理可能存在的问题，捕获研发人员的新需求，不断完善系统数据库。

📇 **阅读材料**

TAPD 助力 Faceu 打造敏捷团队

腾讯敏捷研发协作平台（Tencent agile product development，TAPD），是腾讯开发的一站式敏捷研发协作云平台，凝聚腾讯研发方法及敏捷实践精髓，助力企业研发更高效、协作更敏捷。TAPD 平台上集成了多种研发工具，比如：看板、思维导图、在线文档、报表、代码集成等，全方位解决企业协作与研发痛点。

Faceu 激萌是一款手机端自拍相机应用，因其提供的海量潮流贴纸、美颜功能和高级滤镜得到年轻用户群体的喜爱。在 Faceu 成立早期，团队项目多、业务线多，需求管理一直是一个不小的痛点。传统的文档管理无法做到良好的信息同步和进度跟踪，协作效率低；一般的协作工具对于文档编辑和更新维护的支持往往又非常有限。2016 年 5 月，Faceu 与 TAPD 达成合作。如今，TAPD 已经成为团队协作最好的"助攻"，其主要功能体现在以下几个方面。

（1）看板与故事墙：对于大型项目的迭代规划和人员/资源进度，Faceu 会使用故事墙来可视化管理项目状态；对于轻量级专项，Faceu 则会使用更简洁的看板同步阶段性进度。

（2）项目 Wiki：Faceu 团队会使用 TAPD Wiki 集中管理内部总结、流程规范、模板文档、团队资料等文件，更好地为内部团队的持续改进、新人培养、知识沉淀服务。

（3）迭代管理工具：TAPD 提供了完善而聚焦的迭代管理方式。通过 TAPD 的迭代管理工具，每一个项目成员都能非常快捷、直观地了解每个敏捷周期任务的迭代目标、需求范围、开发进度和质量情况。TAPD 通过信息统计和分类、任务分发，减少了团队的重复沟通成本，也为迭代回顾提供更多精细化、量化信息。

资料来源：根据腾讯敏捷研发协作平台（https：//www.tapd.cn）网页资料整理。

3.4 研发中常见的数字技术

数字技术对企业生产能力、组织架构、运营模式等方面的改造是永无止境的，而这种变化也将随着数字技术的不断演变而愈演愈烈。当前，很多企业已经在研发环节应用数字技术，帮助企业实现更高效的研发活动。接下来本节将对可应用于研发环节的常见数字技术展开介绍。

3.4.1 虚拟现实（VR）技术

虚拟现实（virtual reality，VR），指的是通过各种技术虚拟出一个逼真的三维视觉、触觉、嗅觉等多种感官体验的虚拟世界，从而使处于虚拟世界中的人产生一种身临其境的感觉。

1. 关键技术

实现 VR 的关键技术共包括五种。

（1）动态环境建模技术：虚拟环境的建立是 VR 系统的核心内容，目的就是获取实际三维环境的三维数据，并根据应用的需要，利用获取的三维数据建立相应的虚拟环境模型。

（2）立体声合成与立体显示技术。为了给用户更真实的体验，VR 系统中会用到立体声合成和三维图像显示技术。三维图形的生成技术已经较为成熟。为保证图形实时生成，至少保证图形的刷新频率不低于 15 帧/秒，最好高于 30 帧/秒。

（3）传感器技术。虚拟现实的交互能力依赖于传感器技术的发展，比如力学和触觉传感装置可以让用户直接操作虚拟物体，感受到物体的重量、方向，从而产生身临其境的感觉。

（4）交互技术。交互性是虚拟现实的重要特征，所以语音识别、语音输入、人脸识别等人机交互技术在开发中必不可少。

（5）系统集成技术。由于虚拟现实系统中包括大量的感知信息和模型，因此系统集成技术起着至关重要的作用。集成技术包括信息的同步技术、模型的标定技术、数据转换技术、识别与合成技术等。

2. VR 的特征

虚拟现实技术主要表现出五个特征（见图 3 - 4）。

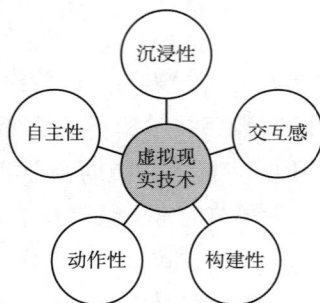

图 3 - 4　虚拟现实技术的特征

（1）沉浸性。沉浸性是虚拟现实技术最重要的特性，指的是用户成为并感受到自己是计算机系统所创造环境的一部分。沉浸性取决于用户的感知系统，包括触觉、味觉、嗅觉、运动感知等，当使用者感知到虚拟世界的刺激时，便会产生思维共鸣，造成心理沉浸，感觉如同进入真实世界。

（2）交互感。交互感指的是用户在虚拟环境内对物体的可操作程度和从虚拟环境中得到反馈的自然程度，这一特征的实现也取决于反馈的实时性。当使用者进入虚拟空间进行某种操作时，周围的环境也会作出某种反应，如使用者对物体有所动作，物体的位置和状态也应改变。

（3）构建性。构建性指的是除了可以再现真实的环境，使用者还可以根据自己的感觉与认知能力，随意想象客观不存在，甚至是不可能发生的环境。这有利于拓宽人类的知识范围，激发人类的想象力，创立新的概念和环境。

（4）动作性。不同于二维平面环境，在虚拟现实环境中，用户要以客观世界中的实际动作或方式来操作虚拟现实系统，并获得虚拟环境的反馈。

（5）自主性。自主性是指虚拟环境中物体依据现实世界物理运动定律产生动作的程度。比如在虚拟环境中物体下落时，它的方向应该是竖直向下的，同一位置的不同物体方向和重力加速度也是相同的。

研发活动可以借助 VR 技术，构建虚拟的研发环境。研发人员可以在虚拟空间内模拟真实的场景，进行多种实验和测试，快速验证设计方案的可行性。VR 技术减少实际物理实验的成本，打破物理空间和时间的限制，缩短项目周期。VR 技术还可以提供安全可靠的研发环境，确保研发过程的持续进行。

阅读材料

VR 在建筑可视化设计中的应用

虚拟现实（VR）技术在工业领域的应用场景可贯穿工业产品的全生命周期，从产品的设计开发、生产制造到营销与销售，各方面都逐步实现了 VR 技术的落地。在设计开发阶段中，VR 技术在汽车、建筑、艺术概念等领域的应用相对较为成熟。下面以建筑设计行业作为代表进行介绍。

我国建筑设计行业的模型设计方式共经历了三个发展阶段：手工绘制平面图纸辅以建筑模型、计算机二维制图辅以三维建模软件、建筑三维立体模型。如今，以建筑信息模型（building information modeling，BIM）技术为代表的建筑三维立体建模技术逐渐应用于建筑的设计环节，而 VR 技术和 BIM 技术的结合可以进一步提供沉浸式的建筑体验，实现对不同建筑信息的全面、准确表现。具体来说，BIM + VR 技术是基于 VR 的引擎技术来承载 BIM 建筑模型的数据，以更贴近现实的可视化方式实现各种 BIM 的应用，完成管道碰撞检测、日照分析、风向分析等，增强 BIM 模型的应用效果。常用的 BIM 和 VR 技术融合软件包括 720 全景、Mars、Enscape 和 Fuzor 等。设计师使用电脑、手机、VR 设备、交互式全息投影等工具即可实现建筑设计的沉浸式体验。因此，VR 技术不仅能够优化设计的原有工作流程，节约时间和经济成本，还能够让各参建方身临其境地深度参与方案，提高项目设计的质量。

资料来源：王磊，李海铭. 基于 BIM 与 VR 的建筑可视化设计研究 [J]. 科技创新与应用，2023，13（7）：107－110.

3.4.2 3D 打印技术

3D 打印技术（three-dimensional printing）与普通打印工作原理基本相同，即通过电脑控制将液体或粉末等原材料层层叠加，最终制造出与计算机中的设计相同的立体物品。在此过程中，3D 打印需要借助软件构建三维模型，并以此数字模型文件指导打印机逐层打印。

3D 打印技术具有以下几方面的优点：（1）可以制成任意复杂的几何形状零件，不受传统机械加工方法中刀具无法达到某些型面的限制；（2）曲面制造过程中，数据的转化分层可百分之百地全自动完成，不需要依靠数控切削加工和高级工程人员复杂的人工辅助劳动；（3）任意复杂零件的加工只需在一台设备上完成，设备购置投资低于数控机床，非接触性加工没有刀具、夹具的磨损，过程中也不会产生震动、噪声和切削废料。

将 3D 打印技术运用于产品研发过程主要有两方面的优势：一方面，相较于传统制造，3D 打印成本低、研发周期短，可以通过一台设备生产多种类零件，大大降低了原有研发过程中的物料成本和开模成本，缩短了产品开发周期，提升产品研发效率。另一方面，3D 打印技术让消费者能够在任何时间、任何地点将产品改进想法打印出来并反馈给企业，有助于企业收集研发迭代建议。

📖 **阅读材料**

3D 打印技术在汽车试制中的应用

传统的汽车开发设计往往无法快速实现原型初稿的实物生产，而且原型初稿的实物生产需要制造模具，将导致极高的成本开支。借助 3D 打印技术，设计师能够以较低的成本迅速将设计方案转化为实物模型，实物模型试装完成后，如果有问题可以马上修改并重新打印验证，最终模型确定无误后就可以开模批量生产。这种方式极大地加快了汽车设计更新的迭代周期。下面以两个原型件的设计为例进行说明。

（1）汽车风道功能性原型件。如果采用传统硅胶模具翻制方法，该零件制作需要上百小时，成本数万元。而且工艺过程较复杂：为了满足强度和耐高温的要求，首先通过 SLA 技术生产模具，然后翻制硅胶模具进行测试。而采用 SLS 3D 打印技术直接打印制造汽车风道功能性原型件，生产时间仅几个小时，成本几千元。生产周期缩短 95%，成本降低 88%。

（2）汽车仪表台功能性原型件。此零件尺寸为 2000mm × 550mm × 700mm，采用传统制造方式（CNC），必须拆分成很多小件开模生产，生产成本高，耗费大量人工，加工精度取决于操作员经验，生产周期需要 2 个月。采用 SLS 3D 打印技术制造汽车仪表台功能性原型件，生产时间为 7 天，2000mm 精度偏差小于 1mm。时间减少了 80%，人工成本降低 67%，零件尺寸精度也大幅度提升。

资料来源：周伟赵，郜晗 . 3D 打印技术在汽车试制中的应用 [J]. 企业科技与发展，2022（4）：97 - 99。

3.4.3 数字孪生技术

数字孪生技术（digital twin）是以数字化方式创建物理实体的虚拟模型，借助数据模拟物理实体在现实环境中的行为，通过虚实交互反馈、数据融合分析、决策迭代优化等手段，为物理实体增加或扩展新的能力（见图 3 - 5）。

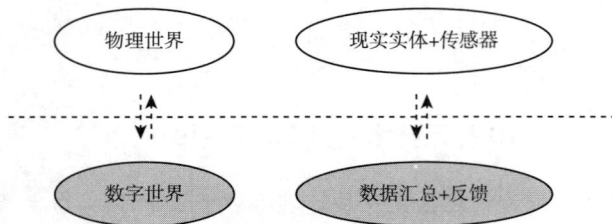

图 3 - 5　数字孪生体系

在产品研发阶段，企业可以在数字孪生技术支持下，直接构造虚拟产品进行实验和测试。为了确保仿真及优化结果的准确性，需要至少保证以下三点：

（1）模型的精准性和写实性。通过使用人工智能、机器学习等方法，基于同类产品组的历史数据不断优化现有模型，使得产品虚拟模型更接近于现实世界物理产品的功能和特性。

（2）仿真的准确性和实时性。可以采用先进的仿真平台和仿真软件，例如仿真商业软件 ANSYS、ABAQUS 等，确保数字世界仿真出来的产品准确反映现实产品，并能够根据现实产品变化而实时改变数字参数。

（3）技术的灵活性和简洁性。轻量化的模型可以降低系统之间的信息传输时间、成本和速度，促进价值链端到端的集成、供应链上下游企业间的信息共享、业务流程集成以及产品协同设计与开发。

通过建立数字孪生体模型，企业可以在产品零部件实际制造之前预测其成品质量，识别潜在的设计缺陷，并分析缺陷的成因。然后，企业可以直接在数字孪生模型中调整设计，并重新进行制造仿真。从原料采购、订单管理、生产制造到质量管理，实际生产过程中每个环节的数据都可以反馈到虚拟的数字世界中，以进一步优化产品性能和生产效率。

阅读材料

数字孪生对汽车研发效率的提升

在汽车造型设计阶段，数字孪生技术给项目提供了实时可追溯的数据档案，解决数据滞后和难以回溯的问题。从小比例的油泥模型，到外观细化的零部件，所有的模型数据都可以被实时记录并建立数据档案。由此，工程团队在早期即可介入，对制造工艺、风阻系数、油耗表现、姿态表现等指标展开初步评价、测试和反馈，得出的结论提供给工程团队和决策管理层参考。

在汽车虚拟仿真阶段，数字孪生技术提供系统性的设计、仿真与集成，解决传统分布式仿真的系统性和协同性验证问题。结合 CAE、CAD 和数字孪生，企业可以对产品做动力学、热力学、零部件强度、疲劳性、耐久性和 NVH 等分析，确定子系统零部件的形状尺寸和设计方案，以系统化、协同化的方式监控汽车的设计和仿真流程。

在汽车样机试验阶段，数字孪生技术可以帮助企业形成最优的样机试验方案，解决物理实验的故障风险和经济性问题。使用数字样机进行虚拟试验的过程中，企业主要通过相关性分析、混合仿真和硬件在环将产品表现控制在合理区间内，形成最佳物理实验方案，最大程度减少物理样机实验次数、时间和现场发生故障的可能性。

总体而言，数字孪生系统在相同试验标准下可节省约 20% 的时间和 40%~45% 的研发成本，其多维度、多领域的虚拟验证方式令其成为研发数字化关键的技术之一。

资料来源：艾瑞咨询. 2022 年车企数字化转型趋势系列研究之研发数字化篇［R/OL］.（2022 - 03 - 15）［2024 - 04 - 11］. https：//www. iresearch. com. cn/Detail/report? id = 3948&isfree = 0。

3.4.4 人工智能技术

人工智能技术（artificial intelligence，AI）是使用计算机的软硬件来模拟人类智能行为的技术方法。为实现 AI 对企业研发活动的有效支持，AI 需要满足三个关键条件，即先进的算法、强大的算力、丰富的数据。

在算法方面，随着深度学习理论和工程技术体系的成熟，例如通过云服务或者开源方式向行业输出技术，先进的算法被封装为易于使用的产品和服务，越来越多的人和公司能够使用这些算法。AI 相关的技术包括了水平层和垂直层的技术，其中水平层的技术主要体现在算法方面。这两个层面都有很多大厂商在做，谷歌、亚马逊、微软等都试图搭建通用的机器学习和深度学习底层计算平台。

在算力方面，云计算的兴起发挥了非常关键的作用。深度学习是极其消耗计算资源的，而云计算可以以低成本获取大规模的算力，动态地获取几千个CPU（central processing unit），甚至获取上万个CPU的算力都不是难事。除了云计算，GPU（graphics processing unit）计算能力的进步对深度学习也有很大的推动作用，它能够加速深度学习中的计算速度，在某些情况下甚至能实现成百上千倍的提高。

在数据方面，近年来移动互联网的爆发使得大量数据得以积累，物联网也极大地扩展了AI获取数据的数量和类型。事实上，相较于算法和算力，数据的获取往往更具挑战性，因为它依赖于企业现有的业务基础。传统企业已经通过非AI途径积累了大量数据，对于这些企业来说，新旧数据的整合是一项重大的挑战。初创企业虽然免去了处理旧数据的麻烦，但同样需要有效利用数字技术，通过多样化渠道来获取并积累数据。

与大数据分析、云计算技术等相结合，企业可以在研发过程中使用AI技术，以智能化和高效率的方式完成产品诊断、模型建立、数据收集和分析、流程优化等工作。因为AI能够整合分析大量的历史经验和数据，所以可以简化产品研发过程，减少研发活动所需要的时间和成本，提高研发的效率。

阅读材料

人工智能制药

对于生物医药行业来说，新药研发是最具挑战的技术研究领域：技术难度大、资金投入多、风险高、耗时周期长。行业内用"双十定律"来形容其难度，即研发周期10年、研发费用10亿美元。而研究显示，即便是在这样的投入之下，药物研发的成功率还不到1/10。AI可以通过算力与算法，减少靶点发现所需的时间、从无到有生成具有理想性质的化合物、高效协助化合物虚拟筛选等早期药物发现工作，从而缩短这一部分工作所需的时间，降低成本并提高成功率；同时，AI在数据维度和广度上能够摆脱人为偏见，实现药物靶点发现和新型化学结构分子的创新等。

A公司是一家由人工智能驱动的临床阶段生物医药公司。它开发了一个"端到端"人工智能制药系统，该系统包括靶点发现平台、小分子化合物设计和生成平台、临床试验结果预测平台，将人工智能贯穿于新药研发全过程，而不是局限于某个环节。2021年2月，A公司利用这套自主研发的平台，获得了全球首例完全由AI驱动发现的某疾病新靶点，以及针对该靶点设计的全新化合物。2023年6月，A公司宣布，这款候选药物已经获批在中国和美国进入Ⅱ期临床试验，并且在中国完成了首批患者给药。这也是我国首个由AI研发并进入临床阶段的候选药物。值得一提的是，在传统的新药研发中，这一过程需要花费4年半的时间，同时耗费几千万元甚至上亿元的研发费用；而这款药从靶点发现到提名临床前候选化合物，花费不到270万美元，耗时仅18个月。

资料来源：谭丽平. AI改变制药［J］. 中国企业家，2023（7）：32－36。

📊 本章小结

企业的创新研发具有成本高、回报周期长、不确定性强等特点，对企业而言是一件高风险、高收益的活动，也是企业建立创新能力、竞争优势的必需选择。在数字化时代中，企业研发活动同样面临着转型的机遇和挑战。数字技术的涌现与发展给研发带来了更多的可能性，而市场的快速变化与用户的个性化需求也对企业研发提出了更高的要求。

在数字技术快速发展和市场需求变化复杂的背景下，企业需要展开研发的数字化转型，提升研发活动的效率。与传统的研发相比，数字化研发的参与主体更多元、合作模式更开放、协作流程更自由，可以帮助企业实现既有研发活动的降本增效、新研发机会的开拓、市场竞争力的提升等目标。为了实现研发的数字化，企业需要建设数据库与知识工程、设计数字化管控研发流程、在平台或系统上集成研发工具与功能。VR虚拟现实、3D打印、数字孪生、人工智能等数字技术的诞生和进步也将进一步提高企业研发活动数字化的水平，甚至彻底改变企业传统的研发模式。

思考与练习

1. 在数字化时代，企业研发活动与传统研发模式相比有哪些不同之处？

2. 为了实现数字化研发，企业需要建设哪些基础设施和系统？

3. 企业在实施数字化研发时可能面临哪些内部和外部障碍？请列举并提出克服这些障碍的方法。

4. 除了本章讨论的四种数字技术之外，还有哪些技术可能对企业的数字化研发产生积极影响？请详细描述这些技术如何被应用于企业的研发活动中。

延伸阅读

［1］陈劲，郑刚. 创新管理：赢得持续竞争优势 ［M］. 3 版. 北京：北京大学出版社，2016.

［2］保罗·特罗特. 创新管理与新产品研发 ［M］. 焦豪，陈劲，等译. 北京：机械工业出版社，2022.

［3］王京生，陶一桃. 华为之研发模式 ［M］. 深圳：海天出版社，2018.

［4］魏江，刘洋，等. 数字创新 ［M］. 北京：机械工业出版社，2021.

［5］魏江，王颂，等. 企业创新生态系统 ［M］. 北京：机械工业出版社，2023.

［6］索胜军. 研发流程再造：基于 IPD 的研发与质量管理实践 ［M］. 北京：企业管理出版社，2023.

［7］陈南峰. 打造数字化研发流水线 ［M］. 北京：电子工业出版社，2023.

第4章　数字制造

- 了解数字制造技术的主要领域和构成
- 理解数字制造技术如何在制造过程中进行智能管控
- 理解智能工厂的构成与特征
- 理解不同视角下的工业互联网平台的含义及差别

引　例

"人工智能+"加出转型发展新动能

2024 年，我国的政府工作报告在部署当年工作任务中强调，"大力推进现代化产业体系建设，加快发展新质生产力"，并提出"深化大数据、人工智能等研发应用，开展'人工智能+'行动"。

某通信公司董事长认为，当前人工智能大模型发展取得了实质性突破，正加速迈入规模应用的新阶段，要推动人工智能从助力千行百业提质增效的辅助手段，升级为支撑经济社会转型升级不可或缺的基础设施和核心能力，加快从"+人工智能"向"人工智能+"转变。

目前，我国已初步构建了比较全面的人工智能产业支撑体系。来自中国信息通信研究院的数据显示，2023 年我国人工智能核心产业规模达到5787 亿元，相关企业数量达 4482 家。人工智能产业链已覆盖芯片、算法、数据、平台、应用等上下游关键环节，细分领域不断取得突破。

某通信研究院院长表示，在以大模型为代表的创新浪潮带动下，预计人工智能技术、产业、应用等各环节将迎来快速迭代演进和探索突破的关键时期。开展"人工智能+"行动，将推动人工智能有序赋能重点领域，加快重塑产业生态，培育经济发展新动能。

资料来源：郭倩，张力元．"人工智能+"加出转型发展新动能［N］．经济参考报，2024 – 03 – 08（A02）。

制造过程的数字化就是将其中复杂多变的信息转变为可以度量的数据，建立适当的数字化模型，引入计算机系统进行统一处理，形成数字制造技术。该过程的核心目标是实现制造过程在计算机系统中的设计，并通过计算机系统控制生产产品所需的全部资源，如机器、工人、厂房和其他固定资产等，通过分析、监测、预测等措施实现对制造资源的智能管控。当这一过程覆盖工厂的办公、管理及生产过程时，就成为人与机器相互协调合作的智能工厂，从而规范企业管理、减少工作失误、堵塞各种漏洞、提高工作效率、提高安全生产性、提供决策自主性。而当智能工厂的基础设施、应用模式和工业生态通过对人、机、物、系统等的全面连接，构建起覆盖全产业链、全价值链的全新制造和服务体系，就形成了工业互联网。本章将系统介绍从数字制造技术到工业互联网的主要内容。

4.1　数字制造技术

数字化技术是将自然界中大量存在的模拟量离散化，并转化为数字量的过程，它是以计算机的信息处理和存储技术、外围设备的信息感知和获取技术、网络和协议的信息传输技术等为基础的信息化集成技术，包含信息离散化的表述、定量、感知、传递、存储、处理、控制、联网和数据共享等内涵。将数字化技术用于产品生命周期的制造活动和企业生产决策的优化运作就体现为数字制造。数字制造是数字信息技术、网络技术与制造技术相融合，不断发展完善的结果，是制造过程、制造体系和制造企业不断实现数字化、信息化的结果。

4.1.1　数字制造技术的概念

数字制造是制造领域的数字化，是制造技术、计算机技术、网络技术与管理科学的交叉、融合、发展与应用的结果，也是制造企业、制造系统与生产过程、生产系统不断实现数字化的必然趋势，其内涵可以包括三个层面：以设计为中心的数字化制造技术；以控制为中心的数字化制造技术；以管理为中心的数字化制造技术。

在数字技术和制造技术融合的背景下，在虚拟现实、计算机网络、快速原型、数据库和多媒体等支撑技术的支持下，工厂可以根据用户的需求，迅速收集资源信息，对产品信息、工艺信息和资源信息进行分析、规划和重组，实现对产品设计和功能的仿真以及原型制造，进而快速生产出达到用户要求的性能产品的整个制造全过程。

数字制造可以通过数字信息手段，精确地预测和评价产品的可制造性、加工时间、制造周期、生产成本、零件加工质量、产品质量、制造系统运行性能、生产规划和工艺规划、网络化生产系统中合作商及供应商的选择，实现生产过程及资源的优化，从而降低生产成本，提高生产效率和企业竞争能力。

4.1.2　数字制造技术的主要领域

数字制造技术的主要领域可分为八个方面。

1. 计算机辅助设计（CAD）

早期，CAD 的主要含义是计算机辅助绘图（computer aided drawing），随着计算机软硬件技术的发展，人们逐步认识到单纯使用计算机绘图还不能称为计算机辅助设计。产品的设计应该包括产品的构思、功能设计、结构分析、加工制造等，工程图设计只是产品设计的一部分，于是 CAD 的含义改为计算机辅助设计（computer aided design），CAD 也不再仅仅是辅助绘图，而是协助创建、修改、分析和优化的设计技术。现代 CAD 系统的功能包括：

（1）设计组件重复使用。

（2）设计修改和描述的便易性。

（3）设计标准组件的自动产生。

（4）设计是否满足要求和实际的检验规则。

（5）无须物理原件的设计模拟。

（6）装配工件的自动设计。

（7）工程文档的输出，例如图纸、材料明细表的输出。

（8）从设计到生产设备的产品直接输出。

2. 计算机辅助制造（CAM）

计算机辅助制造（computer aided manufacturing，CAM）是指在机械制造业中，利用计算机通过各种数值控制机床和设备，自动完成离散产品的加工、装配、检测和包装等制造过程，能根据 CAD 模型自动生成零件加工的数控代码，对加工过程进行动态模拟，同时完成在实现加工时的干涉和碰撞检查。CAM 系统和数字化装备结合可以实现无纸化生产，为计算机集成制造系统（CIMS）的实现奠定基础。CAM 的核心技术是数控技术。通常，在 CAM 中零件结构可采用空间直角坐标系中的点、线、面的数字量来表示，并用数控机床按数字量控制刀具运动，完成零件加工。

在广义上，计算机辅助制造指直接或间接利用企业的物质资源或人力资源，把计算机技术有效地应用于企业管理、生产流程控制和加工操作的过程。按照该思想，计算机辅助制造包括企业生产信息管理、计算机辅助设计和计算机辅助生产、制造。计算机辅助生产、制造又包括连续生产过程控制和离散零件自动制造两种计算机控制方式。这种广义的计算机辅助制造系统可称为整体制造系统（IMS）。采用计算机辅助制造零件、部件，可提高对产品设计和品种多变的适应能力，提高加工速度和生产自动化水平，缩短加工准备时间，降低生产成本，提高产品质量和批量生产的劳动生产率。

3. 计算机辅助工程（CAE）

计算机辅助工程（computer aided engineering，CAE）是产品开发的基本任务之一，是 CAD/CAM 不可缺少的组成部分。它是采用计算机对工程和产品进行性能和安全的可靠性分析，模拟工程或产品未来的运行状态，发现原有设计的不足，为优化设计提供依据。因此，CAE 是工程设计中的分析计算与分析仿真，主要包括工程数值分析、结构与过程优化设计、强度分析与寿命评估、运动学或动力学仿真。CAE 的核心技术是有限元分析和机构的运动学及动力学分析。有限元分析可完成力学分析（线性、非线性、静态、动态），场分析（热场、电场、磁场等），频率响应和结构优化等。机构分析能完成机构内零部件的位移、速度、加速度和力的计算，以及机构的运动模拟和机构参数的优化。

4. 计算机辅助工艺规划（CAPP）

计算机辅助工艺规划（computer aided process planning，CAPP）是通过向计算机输入被加工零件的原始数据，加工条件和加工要求，由计算机自动进行编码、编程直至最后输出经过优化的工艺规程卡片的过程。这项工作需要有丰富生产经验的工程师进行复杂的规划，并借助计算机图形学、工程数据库以及专家系统等计算机科学技术来实现。计算机辅助工艺规划是连接计算机辅助设计（CAD）和计算机辅助制造（CAM）的桥梁。

在集成化的 CAD/CAM/CAPP 系统中，由于设计时在公共数据库中所建立的产品模型不仅包含了几何数据，也记录了有关工艺需要的数据，所以可供计算机辅助工艺规划利用。计算机辅助工艺规划的设计结果存回公共数据库中供 CAM 的数控编程。集成化不仅节省了人工传递信息和数据的人力和财力，更有利于产品生产的整体考虑。从公共数据库中，设计师可以获得并考察他所设计产品的加工信息，制造师可以从中清楚地知道产品的设计需求，全面地考察这些信息，使产品生产获得更大的效益。

5. 产品数据库管理（PDM）

产品数据库管理（product data management，PDM）是一门用来管理所有与产品相关信息（包括零件信息、配置、文档、CAD 文件、结构、权限信息等）和所有与产品相关过程（包括过程定义和管理）的技术，是依托计算机技术实现企业最优化管理的有效方法，是科学的管理框架与企业现实问题相结合的产物，也是计算机技术与企业文化相结合的一种产品。

随着 CAD 技术的推广，原有技术文件档案管理模式难以满足先进制造业的生产要求。在采用计算机产品数据库管理以前，产品的设计、工艺和经营管理过程中涉及的各类图纸、技术文档、工艺卡片、生产单、更改单、采购单、成本核算单和材料清单等均由人工编写、审批、归类、分发和存档，所有的资料均由专设部门进行统一管理。采用计算机技术之后，上述与产品有关的信息都变成了电子信息。简单地采用计算机技术模拟原来人工管理资料的方法往往不能从根本上解决先进的设计制造手段与落后的资料管理之间的矛盾。要解决这个矛盾，必须采用 PDM 技术。

PDM 是一种"管得很宽"的软件，凡是最终可以转换成计算机描述和存储的数据，都可以一概管之。例如，产品结构和配置、零件定义及设计数据、CAD 绘图文件、工程分析及验证数据、制造计划及规范、NC 编程文件、图像文件（照片、造型图、扫描图等）、产品说明书、软件产品（程序、库、函数等"零部件"）、各种电子报表、成本核算、产品注释、项目规划书、多媒体音像产品、硬拷贝文件、其他电子数据等。

PDM 是在管理 CAD/CAM 系统的基础上出现的先进计算机管理系统软件，它管理的是产品整个生命周期内的全部数据。工程技术人员根据市场需求设计的产品图纸和编写的工艺文档仅是产品数据中的一部分。PDM 系统除了要管理上述数据外，还要对相关的市场需求、分析、设计与制造过程中的全部更改历程、用户使用说明及售后服务等数据进行统一有效的管理。

6. 企业资源计划（ERP）

企业资源计划（enterprise resource planning，ERP）来源于物料需求计划和制造资源计划。

物料需求计划（material requirement planning，MRP）是用于制造业库存管理的信息处理系统，它是以物料计划人员或存货管理人员为核心的物料需求计划体系，主要用于非独立性需求（相关性需求）性质的库存控制。MRP 解决了如何实现制造业库存管理的目标，即在正确的时间按正确的数量得到所需的物料这一难题。MRP 是 ERP 的雏形，MRP 与 ERP 的库存管理思想都源于求解制造业基本方程。

制造资源计划（manufacturing resources planning，MRP Ⅱ；以区分 material requirement planning 的缩写）是在 MRP 基础上实现的拓展，它将公司高层管理与中层管理结合在一起，以制造资源计划为活动核心，促使企业管理循环的运作达到最有效的企业经营。其涵盖范围包含企业整个生产经营体系，包括经营目标、销售策划、财务策划、生产策划、物料需求计划、采购管理、现场管理、运输管理、绩效评价等各个方面。

在 MRP Ⅱ 基础上，通过反馈的物流、信息流和资金流，把客户需要与企业内部的生产经营活动以及供应商的资源整合在一起，体现完全按用户需要进行经营管理的一种全新的管理方法就是企业资源计划（ERP）。

　　ERP 系统是建立在信息技术基础上，对企业的公共资源（如物流、资金流、信息流、人力资源）进行整合集成，采用信息化手段实现对企业生产供应链上各个环节进行科学管理的一种先进方法和计算机应用系统。

　　ERP 系统集信息技术与先进的管理思想于一体，成为现代企业的运行模式，反映时代对企业合理调配资源、最大化地创造社会财富的要求，成为企业在信息时代生存、发展的基石。

7. 逆向工程（RE）

　　逆向工程（reverse engineering，RE）技术也称为反求工程技术，它是对实物作快速测量，并反求为可被 3D 软件接受的数据模型，快速创建数字化模型，进而对样品做修改和详细设计，达到快速开发新产品的目的。

　　例如，已知某个可执行程序能够作出反映产品特征的、漂亮的动画效果，则逆向工程技术可以通过反汇编、反编译和动态跟踪等方法，分析出其动画效果的实现过程，并且进一步设计和编制出动画效果更好的程序。逆向工程不仅是反编译，而且还要推导出设计方法，并且文档化。

　　在产品开发或研制的实施过程中，逆向工程技术利用电子仪器收集物体表面的原始数据，再使用专用软件，计算出采集数据的空间坐标，得到对应的颜色，对产品进行全方位的扫描，然后整理数据、三维造型、格式转换、输出结果。

8. 快速成型（RP）

　　快速成型（rapid prototyping，RP）技术是 20 世纪 90 年代发展起来的，被认为是近年来制造技术领域的一次重大突破，其对制造业的影响可与数控技术的出现相媲美。RP 系统综合了机械工程、CAD、数控技术、激光技术及材料科学技术，可以自动、直接、快速、精确地将设计思想物化为具有一定功能的原型或直接制造零件，从而可以对产品设计进行快速评价、修改及功能试验，有效地缩短了产品的研发周期。

　　快速成型技术是一门新兴的制造技术，简单地说，其基本成型原理为"离散原型"+"分层制造"+"逐层叠加"。目前，世界上比较成熟的快速成型技术有十余种，其中光固化成型法（SLA）、分层实体制造法（LOM）、选择性激光烧结法（SLS）和熔融沉积法（FDM）四种快速成型技术自产生以来在世界范围内的应用最为广泛。

4.1.3　数字制造技术的发展方向

数字制造技术的发展前景广阔，主要表现出以下发展方向。

1. 开放式

基于 PC 所具有的开放性、低成本、高可靠性、软硬件资源丰富等特点，更多的数字制造生产厂家会走上开放式发展之路。PC 机所具有的友好人机界面，将普及到所有的数字制造系统，远程通信、远程诊断和维修将更加普遍。

2. 高精度化

为适应机床高精度方向发展的需要，数字制造也向着高精度化发展。通过使用先进的设备和技术，如精密切削和超精密切削数字制造确保了产品加工的极高精度。

3. 智能化

随着人工智能在计算机领域的不断渗透和发展，数字制造的智能化程度将不断提高，主要体现在：应用自适应控制技术，自动调整系统的有关参数，达到改进系统运行状态的目的；以工艺参数数据库为支撑，建立具有人工智能的专家系统；引入故障诊断专家系统；通过自动识别负载，自动调整参数，使驱动系统获得最佳的运行等。

4.2　数字制造资源智能管控

4.2.1　数字制造资源智能管控概念

随着以云计算、物联网、大数据、移动互联网等为标志的新一代信息技术的应用和发展，现代制造模式不断向集成化、智能化的方向发展，形成了工业 4.0 模式下的"智能制造"。智能制造是数字制造企业实现产品设计、生产、管理和服务等过程智能化应用水平的重要体现，也是实现由消费互联网向产业互联网转型创新的重要途径。

在智能制造环境下，数字制造企业利用移动互联网，结合大数据、人工智能等先进技术对产品进行协同设计和制造。数字制造企业基于客户产品订单进行生产，订单执行过程中制造资源的共享程度决定了企业的订单收益和交付质量。因此，在数字化智能制造环境下，数字制造企业的制造资源智能管控的实质是对订单执行过程中的制造资源进行管理，具体体现为对与订单相关的一系列制造资源的匹配、优化、监控和共享。通过对与订单相关的数字制造资源进行匹配、优化、监控和共享，制订基于订单的数字制造资源管控的综合方案，在移动互联网环境下实现跨组织的数字制造资源的协同与共享。

4.2.2　数字制造资源智能管控的特征

数字制造企业在实施"智能制造"的过程中，实现对制造资源的智能管控，是提升制造资源利用效率、提高企业效益的重要途径，也是促进两化（即工业化、信息化）深度融合、加速推进数字制造企业转型升级的必要手段。根据智能制造的概念，数字制造企业能够对产品全生命周期制造过程中涉及的与制造资源相关的制造活动进行统一、集中的智能化管理，实现智能制造环境下制造资源的按需优化获取、实时过程监控、全面综合评估等，满足安全、高效、优质的制造资源服务需求。因此，数字制造企业的制造资源智能管控具有以下主要特征。

1. 异构性

在数字制造环境下，与企业制造活动相关的制造资源种类繁多、数量巨大，并且贯穿于产品全生命周期的制造资源采购、加工、维护等制造活动中，同时企业地理位置的差异性进一步加剧了制造资源在分类、信息描述上的差异性。因此，制造资源的智能管控需要有效融合制造资源的多样性，有效支持异构系统中制造资源的共享和调用等需求。

2. 动态性

在数字制造环境下，不同制造资源的可用状态、可用数量、地理位置、价格、质量、交货期等要素并不是一成不变的，而是随着时间的推移不断变化的。因此，制造资源的管控需要在动态环境和异构环境下实现对制造资源信息的更新，实现数字制造资源需求与制造资源提供者之间供应关系的动态平衡。

3. 协同性

由于制造资源分布的异构性，在很多情况下，制造任务无法由单一的制造主体完成，需要多个制造资源的拥有者和需求者之间针对制造资源的协同。也就是说，制造资源智能管控的过程不仅体现在单一制造主体对制造资源的管控上，更多地体现在多主体、复杂制造任务对制造资源需求的协同上。

4. 主动性

在企业传统的制造过程中，制造资源不足导致制造任务工期延误或者质量无法满足要求，这使得企业的收益受到严重影响。往往企业无法事先预知可能出现的制造资源不足等问题，只能在制造过程出现问题后采取被动措施以减少因制造资源不足造成的影响。在数字制造过程中，制造企业需要通过制造资源管控系统来满足制造资源需求，采用本体、语义、规则、推理等理论方法，主动发现可能存在的制造资源不足等问题并提供有效的解决方案，实现制造活动的主动性。

5. 容错性

数字制造资源的智能管控过程是针对虚拟化制造资源的管控过程。在实际制造活动中，可能存在虚拟制造资源与物理制造资源不符的情况，制造资源管控系统应能够有效地发现所管控虚拟制造资源的潜在故障和错误，及时替换制造资源，提高制造资源管控的可靠性。

6. 扩展性

在数字制造环境下，制造资源管控系统可以融合不同的制造行业、企业、产品和制造任务，具有高度的可扩展性。无论产品类型如何变化，只要通过特定的制造资源和制造能力描述就能有效地接入数字制造资源管控系统，丰富产品种类和扩大制造资源规模。通过高度的可扩展性，能够有效集成不同行业的优质制造资源，以灵活适应不同用户的制造资源需求。

阅读材料

MES 上云让智能生产更透明

当前，全球范围内新一轮科技革命和产业变革蓬勃兴起。作为新一代信息技术与制造业深度融合的产物，工业互联网是制造业实现数字化、网络化和智能化的重要途径，日益成为新工业革命的关键支撑和深化"互联网+先进制造业"的重要基石。

云技术是指在广域网或局域网内将硬件、软件、网络等系列资源统一起来，实现数据的计算、储存、处理和共享的一种托管技术。云计算主要具有三大特点：一是按需就取。消费者可随时按需使用各类云服务，快速交付，并且通过自助的方式，不需要提供商人工参与。二是随时扩展。通过虚拟化技术，云服务供应商提供规模较大的资源池，服务资源可按需随时进行扩展和收缩。三是按使用收费。区别于传统软硬件购置的方式，云计算采用按使用付费的模式，让企业 IT 从资本投资转化为更灵活的运营费用。

智能化时代，云是企业转型升级的基础设施及必然路径。无论是大企业还是中小企业，都能在上云中得到裨益。对于大企业而言，企业上云能帮助其实现资源整合、数据互通，完善企业管理，开展大数据分析，促进企业转型产业升级；对于中小企业而言，企业上云能帮助其快速实现信息化，降低开发成本，完善供需对接、金融租赁，有效解决中小企业缺资金、缺订单、缺能力、缺管理等突出问题。

与传统制造执行系统（MES）部署相比，MES 云服务资金投入更少、建设周期更短、运营管理和成本管控更便利，而且打破了时空局限性，可远程实时监管，更加方便快捷。用户无须关心底层物理硬件即可在云上搭载应用，可通过网络浏览器访问远程服务器，获取数据存储和系统硬件资源等，从而有效降低 IT 的硬件维护成本。一般云化服务费用占传统系统部署费用的 20% 左右。

传统的 MES 采购中心是工厂的业务管理部门，而云平台和运行在其上的应用程序是 IT 部门的领域。随着人们在日常生活中习惯于云，未来，MES 云解决方案的接受程度也将不断提高。

资料来源：协同智造.MES上云让智能生产更透明［EB/OL］.（2018－12－06）［2024－04－11］. https：//imchina.e-works.net.cn/articles/manufacture/2018/20181217283.html。

4.2.3 数字制造资源智能管控的关键技术

数字制造企业制造资源智能管控的实质是对订单执行过程中的制造资源的管理，具体体现为对与订单相关的一系列制造资源的匹配、优化、监控和共享。通过对与订单相关的数字制造资源进行匹配、优化、监控和共享，制订数字制造资源管控的综合方案，在移动互联网环境下实现跨组织的数字制造资源协同与共享。数字制造企业获取订单后，结合订单进度计划和产品物料清单（bill of material，BOM）结构对订单任务进行分解，形成订单任务链，同时发布制造任务，与制造资源服务进行匹配，组建制造资源链，完成订单的服务过程。结合数字制造企业制造资源管控架构，数字制造资源的智能管控主要涉及四方面的关键技术。

1. 数字制造资源的分类及建模方法

由于不同类型的数字制造资源具有不同的功能属性，并具有分布性、异构性、动态性等特点，因此无法对所有的制造资源采用统一的描述模型进行描述，必须对数字制造资源进行合理的分类。数字制造资源分类的目的是有效屏蔽制造资源的异构性，以便于在数字制造环境下保证制造资源的查全率和查准率，为后续数字制造资源的优化、配置、调度和评估奠定基础。

数字制造资源的分类主要是基于聚类的思想来解决制造资源的维度问题，即将产品制造过程中相关的数字制造资源按照其功能属性进行分类，将具有某些相似功能、特点的数字制造资源归类在一起，以降低数字制造资源在匹配时的维度。在分类的过程中，需要解决数字制造资源的基本分类标准以及数字制造资源的聚类问题。同时，为了建立数字制造资源模型，在对数字制造资源进行分类的基础上，还需要对数字制造资源进行建模，以便对每一类制造资源进行统一组织和管理，将每一类数字制造资源作为数字制造环境下的制造资源域，以实现同类数字制造资源之间的关系转换。

2. 数字制造资源的管控与匹配方法

数字制造企业要实现制造资源的智能管控，首先必须有一套完整的数字制造资源的管控流程和框架，在此基础上再进行制造任务和制造资源的匹配。这一过程中涉及数字制造资源的集成管理、制造任务的分解、数字制造资源需求的提取和发布、制造资源的优选、制造任务及制造资源的调度等。在数字制造资源的管控过程中，对数字制造资源的快速检索是制造资源管控的关键技术之一。目前，相关的云计算、大数据、Web 服务技术以及面向服务的架构（SOA）等技术手段，为数字制造资源的集成管理、封装、发布和检索提供了有效的数据共享和发现模式。因此，需要研究数字制造资源在新的技术手段下的匹配方法。

3. 数字制造资源执行过程的监控方法

对数字制造资源的匹配过程侧重于静态的制造任务和制造资源的协作过程，而制造任务的执行过程是一个多变的、动态的过程，涉及参与协作的多个制造主体间制造任务的分配和执行，存在制造设备的故障、制造任务的延期、制造任务优先级的变更以及制造资源的不足等问题，因此，在制造任务执行的过程中需要对制造资源执行过程进行有效的监控。对数字制造资源执行过程的监控涉及制造资源状态的数据采集技术、制造任务的执行质量监控、制造任务的调度与冲突消解、制造资源信息集成等关键技术问题。

4. 数字制造资源的评估方法

数字制造资源的评估按照制造资源执行的过程来分，可以划分为制造资源执行过程中的制造资源评估以及制造资源执行结束后的制造资源评估，这些评估为制造企业后续制造资源的决策奠定了基础。数字制造资源的配置效率不仅反映了制造企业应用制造资源的能力，而且在一定程度上体现了制造企业的整体运营状况和管理水平。因此，如何对数字制造企业的制造资源配置进行有效的评估也是制造资源智能管控的关键技术问题之一。

4.2.4 数字制造资源智能管控的发展趋势

从数字制造企业制造资源管控系统功能的角度分析，数字制造资源智能管控可分为两个层次。一个是局限于单个制造企业内部、功能相对单一的数字制造资源管控平台，这类平台的特点是基于数字制造资源的流转过程进行控制、分析和预警，这属于基本的数字制造资源管控。另一个则是从产品全生命周期和多个制造主体协作的角度来整合和优化配置数字制造资源，以便高效、快捷地完成产品的设计、制造、安装、调试、运行和维护的全过程，并针对制造全过程的信息进行分析和智能处理，为用户提供一整套的制造资源管控平台，属于较高层次的数字制造资源智能管控模式。

传统的制造资源管控过程主要集中在企业内部，从数据信息处理和共享的角度来看，数字制造资源的管控过程会不断向网络化的方向深入发展，使基于移动互联网的制造资源管控成为可能。目前，国内外的许多制造资源管控系统厂商，例如 SAP、Oracle、用友、金蝶等软件公司不断向互联网转型，向高层次的制造资源智能管控模式推进。

高层次的制造资源智能管控有利于实现网络化数字制造资源的高度共享和优化配置，提高数字制造资源的利用效率。这种网络化数字制造资源智能管控过程的实现，一方面有利于融合多个制造企业参与数字制造资源的协同配置，促使数字制造企业不断从传统的制造模式向新形势下的服务型制造模式转变，从而统筹管理数字制造企业，特别是中小企业的数字制造资源，优化产品的制造过程，提高制造企业的产品研发、制造和创新能力。另一方面能够有效集成与产品全生命周期相关联的数字制造资源及其制造资源的提供者，使产品设计、制造等各个阶段涉及的相关企业加强联系，有效拉动行业需求，促进制造业及其相关行业的发展。因此，高层次的制造资源智能管控模式的推广和应用成为未来一段时间内制造资源管控需要达到的目标。

结合数字制造资源智能管控的基本含义，并随着互联网、信息技术、制造资源管控技术发展到一个新的阶段，数字制造企业制造资源管控的几个重要发展方向如下。

1. 数字制造资源管控的服务化

数字制造企业实现制造资源管控的服务化的基础是数字制造资源的高度共享和制造资源的优化组合。为了实现数字制造资源的高度共享，需要对数字制造资源进行分类和描述，以服务化的形式进行封装，提高数字制造资源服务描述模型的通用性和可扩展性。

2. 数字制造资源管控的智能化

随着人工智能技术的发展，以及大数据、数据仓库、数据挖掘技术在制造资源管控系统中的应用，制造资源的管控过程从传统的 ERP 模式的制造资源管控转向智能化的制造资源管控。例如很多决策支持系统、专家系统开始被应用于制造资源的管控，利用大规模的分布式知识库共享平台，并基于更加丰富的推理方式来进行数字制造资源管控的智能制造决策。

3. 数字制造资源管控移动互联化

要实现高层次的制造资源智能管控，需要搭建相关的平台，移动互联网为此提供了良好的支撑。这涉及信息化技术方面的相关新理论和新技术，例如大数据、云计算、物联网以及智能监控技术等。制造资源管控的过程涉及制造任务发布，制造资源需求传递、交易和使用等一系列产品全生命周期内活动的动态变化，因此基于移动互联网的数字制造资源管控平台需要具有较强的适用性，必须构建具有行业特色的可拓展的制造资源管控平台架构体系。

📖 **阅读材料**

MES 系统实施中的“软”“硬”兼顾

在运行 MES 系统之前，要准备并录入一系列基础数据，部分基础数据在运用系统之前往往是没有或未明确规定的，故需要做大量分析研究的工作。基础数据通常包括产品结构、物料（包括物料编码规则、零件、毛坯、在制品、刀具、工装、工具、量检具等）、工艺路线、加工工时、物料库存、设备与人员资源、各种例外代码与原因代码等信息。

在 MES 系统安装和实施之前，必须把网络系统建设好。MES 所需的网络，除了一般的局域网外，还涉及车间现场数据采集与控制网络。车间现场网络可采用多种形式，如工业以太网、现场总线、RS－485 网络或 RS－232 网络等。具体的网络形式，应根据数据采集系统的要求来确定。

在人员、基础数据和网络基本准备好的情况下，可以将系统安装到车间（分厂）和相关的业务部门中，并进行一系列原型测试。原型测试用企业的典型数据对软件功能进行测试，也称计算机模拟。

由于 MES 系统是信息集成系统，所以在测试时，应当是全系统的测试，相关部门的人员都应该同时参与，这样才能理解各个数据、功能和流程之间相互的集成关系，找出不足的方面，提出解决问题的方案，以便接下来进行补充开发、二次开发或用户化。

由于行业与企业的特殊性以及 MES 系统的成熟性问题，在系统原型测试后常常会发现许多问题以及部分功能上的不足，需要对系统进行补充开发与二次开发。由于 MES 与 ERP、数据采集系统、DCS 系统等有数据集成要求，因此，为了简化数据准备时间，必要时应在系统二次开发的同时进行系统的集成开发。

资料来源：中国工控网．典型 MES 系统实施进程分析 ［EB/OL］．（2017－08－23）［2024－04－11］．https：//www.gongkong.com/article/201708/76039.html。

4.3　智能工厂

智能工厂代表了从传统自动化向完全互联和柔性系统的飞跃。这个系统能够从互联的运营和生产系统中源源不断地获取数据，从而了解并适应新的需求。真正的智能工厂能够整合全系统内的物理资产、运营资产和人力资本，推动制造、维护、库存跟踪、通过数字孪生实现运营数字化以及整个制造网络中其他类型的活动，使得系统效率更高也更为敏捷，生产停工时间更少，对工厂或整个网络中的变化进行预测和调整适应的能力更强，从而进一步提升市场竞争力。

4.3.1　智能工厂的定义

一直以来，自动化在某种程度上始终是工厂的一部分，甚至高水平的自动化也非新生事物。然而，"自动化"一词通常表示单一且独立的任务或流程的执行。过去，机器自行"决策"的情况往往是以自动化为基础的线性行为，如基于一套预定的规则开启或关闭水泵。

通过人工智能的应用，以及成熟度不断深化的信息物理系统将实体机器与业务流程相结合，自动化日益覆盖了通常由人类进行的复杂优化决策。最为关键的一点，"智能工厂"一词亦表示通过互联互通的信息技术或运营技术格局，实现工厂车间决策及洞察与供应链以及整个企业其他部分的融合。这将从根本上改变生产流程，大大增强与供应商和客户之间的关系。

通过这个描述，我们可清楚地了解智能工厂并不仅仅是简单的自动化。

智能工厂是一个柔性系统，能够自行优化整个网络的表现，自行适应并实时或近实时学习新的环境条件，并自动运行整个生产流程。智能工厂能够在工厂车间内自动运作，同时与具有类似生产系统的全球网络甚至整个数字化供应网络互联。需要注意的是，鉴于技术的快速发展趋势，本书对智能工厂的定义和描述不应视为其"终极形态"，相反，其代表的是长期进行的演变，是打造并维持一个柔性学习系统的不断发展的历程，而非过去工厂所进行的一次性现代化方式。

智能工厂真正强大之处在于其根据企业不断变化的需要发展和成长的能力，无论这些需要是客户需求的转变、进入新市场的扩张、新产品或服务的开发，还是预测性更强响应度更高的运行和维护方法、新流程或技术的引入，或是生产流程的准实时变化。由于具备更为强大的计算和分析能力，并拥有更为广泛的智能互联资产生态系统，智能工厂能使企业以过去相对困难甚至不可能的方式适应变化。

4.3.2 智能工厂的构成

智能工厂可以分为基础设施层、智能装备层、智能产线层、智能车间层和工厂管控层五个层级。

1. 基础设施层

企业首先应当建立有线或者无线的工厂网络，实现生产指令的自动下达和设备与产线信息的自动采集；形成集成化的车间联网环境，解决不同通信协议的设备之间，以及可编程逻辑控制器（programmable logic controller，PLC）、计算机数字控制、机器人、仪表/传感器和工控/IT系统之间的联网问题；利用视频监控系统对车间的环境、人员行为进行监控、识别与报警；在温度、湿度、洁净度的控制和工业安全（包括工业自动化系统的安全、生产环境的安全和人员安全）等方面达到智能化水平。

2. 智能装备层

智能装备是智能工厂运作的重要手段和工具。智能装备主要包含智能生产设备、智能检测设备和智能物流设备。制造装备在经历了机械装备到数控装备后，目前正在逐步向智能装备发展。智能化的加工中心具有误差补偿、温度补偿等功能，能够实现边检测、边加工。工业机器人通过集成视觉、力觉等传感器，能够准确识别工件，自主进行装配，自动避让，实现人机协作。金属增材制造设备可以直接制造零件，DMG MORI 公司已开发出能够同时实现增材制造和切削加工的混合制造加工中心。智能物流设备则包括自动化立体仓库、智能夹具、自动导引车（automated guided vehicle，AGV）、桁架式机械手、悬挂式输送链等。例如，Fanuc 工厂就应用了自动化立体仓库作为智能加工单元之间的物料传递工具。

3. 智能产线层

智能产线的特点是在生产和装配的过程中，能够通过传感器、数控系统或射频识别（radio frequency identification，RFID）自动进行生产、质量、能耗、设备绩效（OEE）等数据采集，并通过电子看板显示实时的生产状态；通过安灯系统实现工序之间的协作；生产线能够实现快速换模，实现柔性自动化；能够支持多种相似产品的混线生产和装配，灵活调整工艺，适应小批量、多品种的生产模式；具有一定冗余，如果生产线上有设备出现故障，能够调整到其他设备生产；针对人工操作的工位，能够给予智能的提示。

4. 智能车间层

要实现对生产过程的有效管控，需要在设备联网的基础上，利用制造执行系统（MES）、先进生产排产（APS）、劳动力管理等软件进行高效的生产排产和合理的人员排班，提高设备利用率，实现生产过程的追溯，减少在制品库存，应用人机界面（HMI）和工业平板等移动终端，实现生产过程的无纸化。另外，还可以利用数字孪生技术将 MES 系统采集到的数据在虚拟的三维车间模型中实时地展现出来，不仅提供车间的虚拟现实（VR）环境，而且还可以显示设备的实际状态，实现虚实融合。

车间物流的智能化对于实现智能工厂至关重要。企业需要充分利用智能物流装备实现生产过程中所需物料的及时配送，利用拣货系统（digital picking system，DPS）实现物料拣选的自动化。

5. 工厂管控层

工厂管控层主要是实现对生产过程的监控，通过生产指挥系统实时洞察工厂的运营，实现多个车间之间的协作和资源的调度。流程制造企业已广泛应用分布式控制系统（distributed control system，DCS）或 PLC 控制系统进行生产管控。近年来，离散制造企业也开始建立中央控制室，实时显示工厂的运营数据和图表，展示设备的运行状态，并可以通过图像识别技术对视频监控中发现的问题进行自动报警。

📖 阅读材料

工厂数字化与智能化的四个阶段

伴随着信息技术向工业渗透，工业大数据、工业物联网、数字化工厂、工业互联网平台等一批新的智能制造方案开始成为热门词汇。不过我国制造业门类齐全，遍布各行各业，而且数字化和智能化程度各不相同，不同企业适合不同的方案。为方便对制造企业的数字化和智能化进行分析，可以将企业数字化和智能化划分成四大阶段进行讨论。

1. 自动化生产线与生产装备

不论是离散制造企业，还是流程加工企业，使用自动化装备进行生产，也就是实现工厂的装备自动化，都是智能制造的基本方式。自动化行业发展了很多年，很多行业都有专门的自动化解决方案商，近两年机器人也被越来越多的企业所采用。使用自动化装备实现机器换人，直观地提升生产效率，使得投资回收期在可接受范围内，是企业最了解、意愿最强的升级改造方案。

2. 设备联网与数据采集

智能化生产以信息化为基础，而将工厂里各式设备接入网络，采集设备的数据，则是信息化的基础。数据采集后，进行数据就地分析和存储，或将数据、分析结果汇总，通过有线或无线的方式，传输到公有或私有云服务器进行显示和后续分析。

3. 数据打通与直接应用

除了设备处采集的数据，工厂生产管理软件中也存在很多数据。过去这些数据以离散的数据孤岛存在，彼此信息隔离，各级管理数据不能很好地综合分析。如今一些企业开始通过新型管理软件，对工厂的数据进行整合打通，并在此基础上提供更高效的信息传递、生产管理和协同。

4. 数据智能分析与应用

数据智能分析与应用指利用先进的数据分析技术和人工智能算法对海

量数据进行处理、挖掘和解析，进而提取有价值的信息和洞察，为企业决策、产品优化、市场策略、客户服务等多方面提供支持的过程。这一领域涵盖了一系列技术和方法，主要包括数据收集与整合、数据清洗、数据分析、数据可视化、预测与优化、智能应用开发以及持续监控与迭代等几个方面。

以上四个阶段并不是严格按顺序进行的，各阶段不是孤立的，边界比较模糊，很多具体应用方案可能跨越其中多个阶段。工厂的改造也不一定都是从自动化装备开始。多数情况下客户工厂需要的方案跨越了数字化改造的多个阶段，但不同供应商的业务侧重点和覆盖范围各不相同，不少供应商或工厂实施的是跨越多阶段的方案，但自身技术和能力会侧重其中某个阶段的工作，也有一些企业声称提供智能工厂整体解决方案。

资料来源：控制工程网.工厂数字化与智能化的四个阶段［EB/OL］.（2018-05-31）［2024-04-11］. http：//iiot. cechina. cn/18/0531/07/20180531075834. htm。

4.3.3　智能工厂的特征

面对企业或生态系统范围内的万千变化，许多制造企业疲于应对，运营状况面临巨大的压力。智能工厂解决方案能够提供多种方式，助其成功应对部分问题。实时调整并学习数据的能力使得智能工厂拥有更高的响应度，更具前瞻性和预测性，帮助企业免受运营停工及其他生产难题的困扰。例如，某领先电子公司采用了一套全自动化的生产系统、三维扫描仪、物联网技术以及一体化机器控制，作为其在生产空调的过程中实施智能工厂解决方案的举措之一。自动化的益处包括客户交付时间缩短，整体成本下降，以及产能提升25%，残次品减少50%。

这就是智能工厂的部分主要特征：互联性、自动优化性、透明性、前瞻性和敏捷性。这些特征均有助于进行明智的决策，并协助企业改进生产流程。值得注意的是，世界上没有两个一模一样的智能工厂，制造企业可依据其特定需求，重点发展智能工厂的不同领域和特征。

1. 互联性

互联或许是智能工厂最重要的特征，也是其最大的价值所在。智能工厂须确保基本流程与物料的互联互通，以生成实时决策所需的各项数据。

在真正意义的智能工厂中，传感器遍布各项资产，因此系统可不断从新兴渠道与传统渠道抓取数据集，确保数据持续更新，并反映当前情况。通过整合来自运营系统、业务系统以及供应商和客户的数据，可全面掌控供应链上下游流程，从而提高供应网络的整体效率。

2. 自动优化

经过优化的智能工厂可实现高度可靠的运转，最大限度地降低人工干预。智能工厂具备自动化工作流程，可同步了解资产状况，同时优化追踪系统与进度计划，能源消耗亦更加合理，可有效提高产量、运行时间以及质量，并降低成本、避免浪费。

3. 透明性

智能工厂获取的数据公开透明，通过实时数据可视化，将从流程与成品或半成品获取的数据进行处理，并转变为切实可行的洞见，从而协助人工以及自动化决策流程。透明化网络还将进一步扩大对设备情况的认识，并通过基于角色的观点、实时警告与通知以及实时追踪与监控等手段，确保企业决策更加精准。

4. 前瞻性

在一个前瞻型体系中，员工与系统可预见即将出现的问题或挑战，并提前予以应对，而非静待问题发生再作响应。这一特征包括识别异常情况，储备并补充库存，发现并提前解决质量问题，以及监控安全与维修问题。智能工厂能够基于历史与实时数据，预测未来成果，从而提高正常运行时间、产量与质量，同时预防安全问题。在智能工厂中，制造企业可通过创建数字孪生等流程，实现数字化运营，在自动化与整合的基础上，进一步培养预测能力。

5. 敏捷性

智能工厂具备敏捷的灵活性，可快速适应进度以及产品变更，并将其影响降至最低。先进的智能工厂还可根据正在生产的产品以及进度变更，自动配置设备与物料流程，进而实时掌控这些变更所造成的影响。此外，灵活性还促使智能工厂在进度与产品发生变更时，最大程度地降低调整幅度，从而提高运行时间与产量并确保灵活的进度安排。

由于具备上述特征，制造企业可更加全面清晰地了解其资产与系统，有效应对传统工厂所面临的挑战，最终提高生产率，更加灵活地响应不断变化的供应商及客户情况。例如，一家服饰鞋品公司分别在欧洲与北美设立了全新智能工厂，以求解决制造企业经常面临的一些挑战，包括全球离散化生产以及日益变化的客户需求。

阅读材料

智能工厂离不开五个"集成"

智能工厂需要智能制造四大元素（智能产品、人、物料、工厂）有效地组合，同时也需要把客户集成、智力集成、纵向集成、横向集成、价值链集成这五方面集成起来，通过这五大方面的集成，把制造的价值凝聚在一起，从而产生更大的价值。

1. 客户集成

客户既是智能制造的中心，也是智能制造的起点，通过一定的智能技术把客户的需求有机集成起来，一定会使制造的价值倍增。

对于客户的集成有两种情形：第一种情形是大量的差异化需求。虽然每个需求都不相同，但是需求总量很大。第二种情形是个性化需求中的共性集中。

在智能制造体系中，客户就是一个智能元素，他们拥有智能手机、平板电脑，通过移动网络可以有效地把客户集成到智能制造环境中来。

2. 智力集成

互联网、移动互联网的发展具备如下特点：可以集成全世界的智力，形成企业的最强大脑；可以集成全世界的大数据资源，分析研究各种趋势；可以集成全世界的最权威的专家，引领发展趋势；可以集成全世界最优秀的制作人员，实现精工细作。

3. 纵向集成

在智能工厂内部，通过纵向集成，把传感器、各层次智能机器、工业机器人、智能车间与产品有机地整合在一起，同时确保这些信息能够传输到 ERP 系统中，对横向集成以及端到端的价值链集成提供支持。这种纵向集成构成了工厂内部的网络化制造体系，这个网络化制造体系由很多的模块组成，这些模块包括模型、数据、通信、算法等所有必要的需求。在不同的产品生产过程中，模块化的网络制造体系可以根据需要对模块的拓扑结构进行重组，从而可以很好地满足个性化产品生产的需求。集成后的网络化制造体系可以看成是一个巨大的智能机器系统，模块可以视作其程序单元，而改变拓扑结构的过程就是重新编程的过程，只不过这所有活动全部是自动完成的。根据不同产品发出的指令，网络化制造体系能够根据需要来组织完成生产。

4. 横向集成

横向集成是指将各种不同的制造阶段的智能系统集成在一起，既包括一个公司内部的材料、能源和信息的配置（如原材料、生产过程、产品外出物料、市场营销等），也包括不同公司之间的价值网络的配置。横向集成与纵向集成、价值链集成整合起来构成了智能制造网络。横向集成通过互联网、物联网、云计算、大数据、移动通信等全新技术手段，对分布式的智能生产资源进行高度的整合，从而构建起在网络基础上的智能工厂间的集成。横向集成也是实现价值链集成的基础，没有横向集成，也就没有价值链集成。

5. 价值链集成

一个产品的生产过程可能包括产品需求确定、产品设计、产品规划、产品工程、生产、销售服务等多个价值链环节，每个环节可能由不同的企业完成。所谓的价值链集成就是要把这种在一个企业之中或者多个企业之间的产品从需求分析到销售服务全价值链集成起来，确保个性化的产品能够实现。

价值链集成的意义在于可以确保即使是唯一生产的个性化产品，也能够在整个价值链上被准确、高效地生产出来。同时，价值链集成把横向集成和纵向集成连接在一起，实现了端到端的价值最大化，从而最大化地满足客户的需求。价值链集成是客户价值的实现途径，横向集成和纵向集成则是保障这种价值的最大化实现。他们共同组成了智能制造体系。

通过这五大集成，把分布在各个环节上的智能元素联系起来，形成了能够创造价值的网络体系。这些价值网络通过节点和连接不断产生增值。

资料来源：控制工程网. 智能工厂离不开 5 个"集成"！[EB/OL]. (2017 - 08 - 20)[2024 - 04 - 11]. http：//article. cechina. cn/17/0820/09/20170820092655. htm。

4.4　工业互联网平台

互联网科技的发展为实现万物互联和智能制造搭建起一个重要平台，它既是构建工业互联网的基础设施，也是将人、机器和数据连接起来的核心平台。其核心和本质是将设备、生产线、工厂、供应商、产品和客户紧密联系起来，形成工业互联网平台。

4.4.1　工业互联网平台的定义和构成

工业互联网平台是面向制造业数字化、网络化、智能化需求，构建基于海量数据采集、汇聚、分析的服务体系，支撑制造资源泛在连接、弹性供给、高效配置的载体。从构成来看，工业互联网平台包含三大要素：数据采集（边缘层）、工业 PaaS[①]（平台层）和工业 App（应用层）。这个架构非常复杂，可以概括简化成四个方面。

（1）数据采集（边缘层）是基础。即，要构建一个精准、实时、高效的数据采集体系，把数据采集上来，进行协议转换和边缘计算。

（2）工业 PaaS（平台层）是核心。即，要构建一个可扩展的操作系统，为工业 App 应用开发提供一个基础平台。

（3）工业 App（应用层）是关键。即，要形成满足不同行业、不同场景的应用服务，并以工业 App 的形式呈现出来。

（4）IaaS[②]是支撑。它通过虚拟化技术将计算、存储、网络等资源池化，向用户提供可计量、弹性化的资源服务。

4.4.2　不同视角下的工业互联网平台

认识和定位工业互联网平台有四个视角：一是工业云视角；二是解决

---

① PaaS 是英文"platform as a service"的缩写，意思是"平台即服务"。
② IaaS 是英文"infrastructure as a service"的缩写，意思是"基础架构即服务"。

方案视角，工业互联网平台是一套面向数字化、网络化、智能化的解决方案；三是操作系统视角，工业互联网平台是一个可扩展的工业操作系统；四是产业生态视角，工业互联网平台是构建产业生态的核心。

1. 工业云的视角

工业云视角可将工业互联网平台分为五个发展阶段。其中，前两个阶段都不是我们所说的工业互联网平台，真正的工业互联网平台从第三个阶段开始。

（1）研发设计类工具上云，这个阶段早在 2010 年前后就在推动进行，解决的核心问题是如何降低企业的成本，以成本驱动为导向，通过资源池化、弹性供给和按需付费，大幅降低企业的硬件成本、软件成本、部署成本、运营成本。

（2）核心业务系统上云，以集成应用为导向，不仅仅是为了降低成本，更重要的是实现数据的互联互通和互操作。

（3）设备和产品上云，以能力交易为导向，实现跨企业的制造资源优化配置。不仅软件上云，硬件设备也上云，在虚拟的赛博空间①构造一个新的制造体系，这个制造体系可以实现制造能力在线发布、制造资源弹性供给、供需信息实时对接、能力交易精准计费，可以实现对设备和机器资源的优化配置。

（4）创新引领阶段。大部分企业在起步阶段，构建基于私有云的"工业 PaaS + 工业微服务 + 定制化工业 App"，大量的工业技术、知识、经验和方法不断地在这个平台上沉淀、复用和重构，将会构建新的工业创新体系。但无论是工业 PaaS，还是工业微服务，在这个阶段都主要是为企业自身提供服务。

（5）生态构建阶段，海量的第三方开发者和通用化的工业 App 大量出现，以生态构建为导向。在这个阶段，开发主体、开发内容和运营机制都将发生深刻变革。

所以工业互联网平台就是在传统工业云平台软件工具共享、业务系统集成的基础上，叠加了制造能力开放、知识经验复用和开发者集聚的功能，大幅提升工业知识生产、传播和利用的效率，是一个不断演进的过程。

---

① 赛博空间指通过计算机和通信技术构建的虚拟空间。

2. 解决方案视角

从"两化"融合、智能制造到工业互联网平台，企业面对的问题没变、解决问题的逻辑没变，但面向制造业数字化、网络化、智能化的解决方案变了。在过去的几十年，解决方案的演进经历了三个阶段。

（1）基于传统 IT 架构的解决方案。如 20 世纪 90 年代通用电气（GE）公司提出基于医疗系统的解决方案，他们在医疗设备上安装了很多传感器，将数据传到后台进行分析，维修工带着相应工具、零部件，平均在两小时内就可以解决故障问题。这样一个商业模式逐渐拓展到航空发动机、风电设备维护等很多领域。我们把基于传统 IT 架构的解决方案称为解决方案 1.0 版。

（2）基于私有云的解决方案。越来越多的企业把基于 IT 架构面向数字化、网络化、智能化的解决方案搬到了私有云上，GE 通过资产性能管理（APM），向购买 GE 燃气轮机、发动机、医疗设备、风电设备的客户基于私有云提供设备远程监测和性能预测等服务。

（3）基于公有云的解决方案。工业互联网平台就是一套基于公有云的解决方案，使企业有一个提供制造业数字化、网络化、智能化解决方案工具箱，在这个工具箱里，既有基于传统 IT 架构解决方案，也有基于私有云部署的解决方案，同时也有基于公有云部署的一套解决方案，客户需要什么，企业就提供什么。当然，并不是说工业公有云一定就比私有云先进、私有云一定就比传统的 IT 架构有优势，而是要根据制造业企业和客户不同的需要，提供不同的解决方案。

3. 操作系统视角

工业互联网平台实质上是一个可拓展的工业操作系统。向下可以实现对各种软硬件资源接入、控制和管理；向上提供开发接口、存储计算及工具资源等支持，并以工业 App 的形式提供各种各样的服务。平台自身承载着蕴含大量工业知识的数字化模型与微服务。

操作系统的存在有什么意义呢？在一些大型软件系统开发过程中，65% 的编程代码不需要重新开发，只需要对已有的各种软件功能模块进行重复调用就可以。但是工业生产中很多技术、知识、经验、方法创新需要从零开始，知识复用水平较低。而构建一个工业互联网平台，需要将大量的工业技术原理、行业知识、基础工艺、模型工具、业务流程以及老专家脑子里几十年的经验进行规则化、软件化、模块化，以数字化模型的形式沉淀在这个平台上。沉淀完之后就不需要再做重复性工作，可以直接调用、复用、传播，重构工业创新体系，大幅度降低创新成本和风险，提高研发、生产和服务效率。从这个角度讲，工业互联网平台就是通过提高工业知识复用水平构筑工业知识创造、传播和应用新体系，即重构工业知识新体系。

在重构过程中，创新主体是海量的第三方；创新载体和成果是微服务和工业 App；创新方式是基于平台和 App 的体系。过去，专利、品牌、渠道是企业的专有资产，现在，工业企业又多了一个资产，那就是企业微服务组件和各种各样的工业 App。未来的工业 App、微服务组件将会构造新的资产，产生新的价值来源。过去工业创新 80% 在做重复性劳动，有了这个平台以后，80% 重复性劳动 + 20% 创造性劳动的局面将反转为 20% 是重复性劳动、80% 是创造性劳动。

4. 产业生态视角

工业互联网平台是打造智能制造产业生态的核心。在工业互联网平台四层架构里面，从私有云部署到公有云部署，发生了四个本质性的变化。

（1）开发主体（who）发生变化，即谁来开发？传统的私有云部署主要是由平台企业和客户来开发，而真正演进到公有云部署，则更多的是第三方应用开发者来开发。

（2）开发内容（what）发生变化，即开发什么样的工业 App？在私有云部署下，开发内容主要为有限、封闭、定制化的工业 App，且这些工业 App 只为企业自身提供服务；在公有云部署下，开发内容则是海量、开放、通用的工业 App。

（3）平台用户（who）发生变化，即谁在使用？基于私有云部署的平台主要是由有限的制造企业自己使用。而公有云部署下，则更多是帮助第三方中小型企业把业务系统迁移到云端，为其提供各种各样的服务。

（4）运营机制（how）发生变化。当中小企业的业务系统迁移到了云端，有了以工业 App 形式呈现出各种各样服务的时候，就会形成一个工业 App 应用和工业用户之间相互促进、双向迭代的生态体系。

4.4.3 工业互联网平台的构建

工业互联网平台的构建是一个复杂且具有挑战性的系统工程，将对产业结构、组织形态以及业务流程产生深刻变革，且需要在以下各方面进行不断的迭代。

1. 实施工业互联网平台培育工程

围绕数据采集、平台管理、建模分析以及平台间互联互通等关键技术能力，发挥骨干企业与科研院所核心作用，培育多家跨行业、跨领域工业互联网平台，建成一批能够支撑企业数字化、网络化、智能化发展需求的企业级平台，提升本土工业互联网平台的国际竞争力。

2. 开展工业互联网平台试验验证

支持龙头制造企业、互联网企业、科研院所、高校等建设工业互联网平台测试验证环境和测试床，开展适配性、可靠性、安全性等技术验证，为平台产品提供测试评估服务，规范平台发展秩序，推动平台功能不断完善，加快平台落地应用。

3. 实施工业企业上云工程

鼓励工业互联网平台在产业聚集区落地，推动地方政府通过财税支持、政府购买服务等方式鼓励中小企业业务系统向云端迁移，从"供给侧"和"需求侧"两端发力，"建平台"与"用平台"双向迭代，打造资源富集、良性互动的工业互联网平台生态。

4. 实施工业 App 培育工程

围绕基于工业互联网平台的工艺模型、知识组件、算法工具的开放共享，支持软件企业、工业企业、科研院所等开展合作，培育面向协同研发、分享制造、全生命周期管理等特定应用场景的工业 App，推进工艺经验程序化、工业知识显性化和工业智能云计算化。

总体上来看，工业互联网平台处于刚刚起步阶段，仍然处于探索期。未来的产业形态、技术形态、商业模式还很难得出结论，但是技术、产业、商业模式处于快速迭代的一个关键时期。

📖 阅读材料

5G＋工业互联网，开启全连接工厂新时代

在实现全连接工厂的诸要素中，5G 和工业互联网是最核心的要素。其

中，工业互联网直接为企业的 IT&OT 业务系统服务，而 5G 网络则是工业互联网运行的重要保障。

1. 工业互联网在高速发展的同时面临巨大挑战

在近年来数字经济大潮推动下，工业互联网发展迅速，据树根互联预测：工业互联网平台连接设备将由 2021 年的 7600 万台增长至 2025 年的 1.8 亿台，对应工业互联网连接设备市场规模约 360 亿元。同时平台系统解决方案将为工业互联网解决方案服务商带来更多的增量收入。

在规模发展的同时，工业互联网平台建设也凸显出一些问题，例如，当前工业互联网的典型应用以单一环节的数字化改造为主，没有形成统一的建设方案，"单点"业务还可能会进一步为企业数字化转型带来更多信息孤岛。系统间不能兼容和互通，使得企业难以将数字资产积累下来，难以进行流程优化和迭代改进。

2. 5G 赋能工业互联网

5G 的引入，可以极大地解决工业互联网目前所面临的问题：从连接层面看，可实现"人、机、料、法、环"的应连尽连，统一孤岛数据。

无处不在的 5G 网络，可以实现全连接工厂"人、机、料、法、环"生产要素应连尽连，第一次用统一的解决方案将生产过程的各系统连接在一起，成为工业数字化全面转型升级的基础。

得益于 5G 网络的开放性，5G 网络天然具备"云、边、端"的协同算力。工业企业在一次性投入建设 5G 网络的同时，也可以同时部署靠近企业生产现场的算力。企业依据"工厂级"和"车间 + 产线级"不同场景的算力需要，可灵活选配 5G 网络的算力资源，将最适合的业务系统就近部署，最大程度减少因网络迂回带来的时延损失。与此同时边缘算力部署位置在企业园区内，从管理域上划分属于企业管理范畴，可以按照企业的安全策略统一管理算力资源及上层应用，减少了数据安全的风险。

3. 5G + 工业互联网，催化产业新蓝海

在全连接工厂拉动下，5G 和工业互联网协同发展，不仅提升了工业互联网的价值和渗透率，更能促进整个全连接工厂新兴产业链的发展。

根据工信部数据，我国 2020 年重点工业互联网云平台连接设备数约为 6200 万台；根据《"十四五"国家信息化规划》，得益于 5G 网络的深入建设，工业互联网上云设备数将由 2020 年的 13.1% 上升至 2025 年的 30%，达到 1.81 亿台，增速可观。

4. 工业控制，自主可控

目前工业互联网市场主要被国外品牌所占据，市场占有率达 43%，头部企业包括西门子、罗克韦尔、百通赫斯曼等。传统工业控制企业深耕行业多年，客户黏性强，铸就了较高的市场壁垒；通过为工业客户提供整体解决方案，工业客户端到端应用被锁定在产品生态内。国内公司致力于构建开放系统打破垄断，但多数企业仍处在初创期，市场占有率较低。

5G 技术使得网络架构更加扁平化，给工业互联网新兴厂商带来发展机遇。初创公司可以基于 5G 网络构建云化 PLC 系统，通过 5G 工业网关传输 PLC 控制指令，打破传统工控系统的垄断。基于 5G 的无线控制系统可节约布线工作量的 40%，基于 5G 网络的云端 PLC + 本地 IO 联动的系统，可以使工控系统硬件整体节约 30%。

资料来源：汪竞飞. 5G + 工业互联网，开启全连接工厂新时代 [EB/OL]. （2023 - 05 - 19）[2024 - 04 - 11]. https：//www. zte. com. cn/china/about/magazine/zte - technol-ogies/2023/5 - cn/2/1. html。

本章小结

本章从微观技术构成到宏观制造生态体系，逐步分析介绍了数字技术创新在制造过程中的应用和影响。数字制造技术的定义、主要领域和概念的介绍，旨在让读者了解数字制造与计算机技术和信息技术的底层联系。理解数字制造资源智能管控的概念、特征、关键技术和发展趋势，可以明晰各种数字技术是如何与生产设备进行结合，对整个生产线进行智能管控的。智能工厂是一个数字制造资源智能管控的具体应用实体，但从传统工厂形式到智能工厂的转变是一个复杂的系统工程，因此理解其阶段性和集成特征具有重要意义。工业互联网平台则是数字制造发展的必然形式，也是智能工厂向产业链延伸的完整体现，其互联性和生态性是关键特征。

思考与练习

1. 数字制造技术有哪些主要领域，其发展方向是什么？

2. 数字制造技术是如何在制造过程中进行智能管控的？请结合数字制造技术的智能管控谈谈企业上云的意义。

3. 智能工厂的构成是怎样的？这种构成是怎样导致智能工厂的五个特征的？

4. 工业互联网平台与智能工厂的联系和区别是什么？

延伸阅读

［1］周济. 智能制造——"中国制造2025"的主攻方向［J］. 中国机械工程，2015，26（17）：12.

［2］路甬祥. 走向绿色和智能制造（二）［J］. 电气制造，2010（5）：3.

［3］张曙. 中国制造企业如何迈向工业4.0［J］. 机械设计与制造工程，2014，43（12）：5

［4］丁纯，李君扬. 德国"工业4.0"：内容、动因与前景及其启示［J］. 德国研究，2014（4）：18.

［5］杜品圣. 智能工厂——德国推进工业4.0战略的第一步（上）［J］. 自动化博览，2014（1）：4.

第5章　数字营销

📖 **学习目标**

- 理解数字营销的概念和特征
- 掌握数字时代的战略营销体系（STP）创新趋势
- 掌握数字时代的市场营销组合（4P）创新趋势
- 了解常见数字营销场景的特征

📋 **引　例**

L 品牌的数字营销

2006 年 8 月，L 品牌在武汉开设第一家线下门店，发展初期采用直营模式建立线下渠道覆盖体系。随着线上消费的兴起，L 品牌意识到传统线下模式不足以支撑企业的快速和可持续发展，为此开始了持续的营销变革。

1. 探索电商销售

2010 年，L 品牌设立了一个独立于门店业务系统的电商业务团队，开始研究互联网环境下消费者的购买习惯和电商的商业模式，跟踪休闲零食行业电商业务的发展变化，规划 L 品牌如何借助电商平台向消费者传递价值等核心问题。2012 年，L 品牌正式进入主流电商平台开展线上业务。在电商业务发展的过程中，其不断通过赋予电商团队自主性、培养甄别消费者需求的能力、完善爆品打造流程以及建立内容营销体系等举措使得电商业务在激烈的竞争环境中得以存活和发展。

2. 布局全方位营销网络

随着消费者完成购买的平台越来越多样，通过数字媒体向消费者传递信息在消费者决策中的作用也越来越大。因此，L 品牌布局更为广泛的线上销售网络，着手打造基于"平台电商 + 社交电商 + 自营 App 渠道"三位一体的全方位运营网络。其不仅在消费者热门的社交网站（微博、小红书等）、短视频（抖音、快手等）围绕意见领袖（KOL）建立口碑，构建多样化的消费场景，向消费者传递品牌故事、价值和原创性内容，还开始探索在直播（淘宝直播、抖音直播等）领域围绕网络主播与红人进行"带货"，提高品牌知名度与产品销量。

3. 打造 O2O

门店业务将自营 App、小程序以及外卖纳入管理范围内，围绕终端门店率先进行 O2O 融合，提升门店的数字化能力以及单店盈利能力。L 品牌还将门店与美团、饿了么等本地生活平台打通，接入外卖、找美食等消费场景，实现"线上下单快速送达""线上下单门店取货"等多样的交易方式，将终端门店在线化，进一步提高了门店的收入和黏住消费者的能力。不仅如此，L 品牌在门店也开始试行与主流线上渠道的融合。2019 年，L 品牌在深圳的门店借助阿里巴巴的数字化工具试点进行线上线下全方位融合的"智能店铺"升级项目。这个项目使得消费者能够体验到更为便捷与丰富的消费场景：只要在手淘上搜索 L 品牌，不仅能够体验到线上旗舰店的服务，还能在门店与外卖服务之间进行选择，实现了真正意义上的跨渠道融合。

4. 建立渠道间统一的会员运营平台

2019 年初，L 品牌与数字化服务商合作，开发打通线下线上会员体系的 L 品牌会员中台①，建立属于自己的用户"蓄水池"，积蓄私域流量。L 品牌基于会员中台将现有自营渠道（平台电商、门店、App、小程序等）的用户特征、行为数据进行匹配融合，形成自己的数字资产。一方面，通过会员中台，L 品牌能够基于对消费行为的洞察与分析，对会员进行生命周期管理，同时能够通过提供个性化服务提升顾客的活跃度，创造会员价值。另一方面，会员中台系统的建立使得原有的用户画像的工作模式得到优化，从原有的"手动贴标签"变成机器学习自动分析用户画像，不同渠

---

① 中台是一个能同时支撑多个业务、让业务之间的信息形成交互和增强的机制。

道之间数据的汇集也让用户标签成倍增加，用户画像更加精准。

5. 构建数据驱动的产品开发能力

L品牌会员中台的客户数据资产有助于提升其产品开发能力。基于消费者大数据的分析，L品牌能够针对不同消费群、不同生活状况、不同场景的用户需求进行产品的规划与研发。例如，它通过对多渠道的用户评论数据进行分析，发现消费者对孕妇零食和下午茶场景有需求，从而研发了针对孕妇群体和下午茶场景的产品。在产品规划方面，一方面，供应链端的商品规划团队与各个渠道负责团队及时进行沟通，共同组建产品规划小组；另一方面，供应链充分利用L品牌拥有的数据资产，根据消费者的浏览、消费数据进行偏好甄别，有针对性地对产品进行精准规划。

资料来源：胡左浩，孙倩敏. 良品铺子：数字化助力渠道变革［J］. 清华管理评论，2020（9）：18 – 25。

当今时代，数字化已经贯穿于消费者购买行为和决策的全过程，正在重塑传统营销流程，形成新的营销范式。传统的营销理论采用战略营销体系和市场营销组合来刻画营销。其中，战略营销体系（STP）指市场细分（segmenting）、目标市场选择（targeting）以及定位（positioning），市场营销组合（4P）指产品（product，向客户提供的产品实物或服务）、价格（price，客户为获得该产品或服务而支付的对价）、渠道（place，销售并将产品提交给客户的途径）和推广（promotion，与客户沟通并说服客户的工具）。数字时代的营销创新在战略特征方面体现出了显著的创新，市场营销中的产品、价格、渠道和推广在内容、工具乃至思维上都发生了变革，涌现出丰富的新趋势和新实践。本章首先简要介绍数字营销的概念和特征，然后主要从数字时代营销的STP和4P两个方面展开，最后介绍一些数字营销的新场景。

5.1　数字营销的概念和特征

数字营销是指将营销体系建立在以互联网为基础的数字媒体基础上的数字化营销形式，是企业构建品牌营销体系的新趋势。其中的营销体系包括品牌的产品开发理念、销售渠道体系和品牌推广体系等。数字营销具备增加用户获取、增加用户参与度、提高品牌知名度、增加销售前景、改善结果可衡量性、增加网站流量、改善网络用户体验等多方面优势。以往客户被作为价值捕获、实现销售收入和利润的对象，如今客户逐渐变成企业的重要资产，与企业共创价值，营销所具有的战略功能也越来越显著。

无论是传统时代还是现在的数字时代，营销的本质没有变化，它是围绕客户进行价值的创造、沟通、传播、交换与分享的一系列活动、过程和体系。需求管理、建立差异化价值、建立持续交易的基础，依然是有效营销的核心。需求管理是企业对需求的不确定性进行有效控制和引导，刺激、创造、适应以及影响消费者的需求是营销管理的主要任务。建立差异化价值是企业营销策略有效的前提，只有形成差异化才能把消费者的注意力引向企业自身的产品和服务。最后，能否建立持续交易的基础，决定了战略上营销是否具有可持续性。尽管营销的本质没有变化，但数字技术给企业带来了更多的数据资源和更强大的营销能力，改变了企业营销手段和营销方法，极大地推动了营销范式升级。

数字营销表现出更高效的连接、消费者比特化、运营决策数据化、用户参与、加速迭代等鲜明特征。根据这些特征的不同，人们习惯将其区分为不同的数字营销时代。

数字营销 1.0 时代，企业对数字营销的理解比较初级，还是处在大规模投放广告的思维，只是传播渠道从传统媒体转移到网络媒体，但广告投放缺乏大数据支撑因而精准性不足。

数字营销 2.0 时代，随着大量消费者数据标签沉淀，互联网平台借助算法对网民进行画像，并将其应用到互联网广告投放中，使精准广告投放变得可行。

数字营销 3.0 时代，不再满足于广告投放，而上升至完整营销体系搭建的层面。将传统电商和内容电商结合起来，将品牌宣传和商品销售结合起来，构建完备的矩阵式营销体系。

数字营销 4.0 时代，除精准广告投放、传统电商和内容电商融合外，企业开始对公域流量池和私域流量池、线上和线下渠道进行综合运用，从而对目标客户进行低成本反复触达。与此同时，不断跟进和应用元宇宙、人工智能等新技术，更好地满足用户需求、提升品牌价值，保持可持续竞争优势。

5.2　数字时代的营销战略

5.2.1　市场细分

市场细分是指通过创新市场切分的方法与规则，规避与强大竞争对手直接竞争的风险，将品牌的竞争力释放在竞争不甚激烈的领域，改变原本不利于企业的市场竞争格局，重新创造出有利于品牌建立差异化竞争优势的局部市场，从而使创新品牌获得充分的发展契机。传统的市场细分依赖人口统计学指标、客户消费记录等有限的指标数据，而数字时代充斥着海量大数据且数据颗粒度更细，对客户的分析可以更加多维度、高精度、个性化。传统的市场调研，往往在调研面广度与成本和时间周期上难以平衡。在数字时代，可以发挥发达的网络和海量数据的价值，如挖掘社交媒体数据、移动终端的实时性和动态信息、零售终端信息采集系统的信息，既可以节约调研成本，也能使调研更加精准，大样本甚至全样本的定量调研也变得可行。现在市场调研不再局限于静态的用户信息，新技术和移动设备的普及使得企业可以动态跟踪用户行为数据，市场细分可以做到超细化与动态精准化。

1. 用户画像技术升级

在大数据支持下，用户画像技术得到全面升级。用户画像是从真实的用户行为中提炼出一些特征属性形成的用户模型，用以反映具有相似态度或行为的用户类型。它可以帮助营销团队与利益相关者在客户动机与需求理解上达成共识，在内部达成一致认知并对外形成具有一致性的沟通，有助于改善产品设计以及提升用户体验。相比于传统用户画像，大数据支持下的用户画像使用的数据量极其庞大而且几乎是全样本、用户全方位的数据集合，包括用户的网络行为数据、CRM 数据、商业数据或第三方数据等广泛来源，可以呈现出真实用户抽象后的全貌，不仅可以描述客户类型、动机，展示客户所处的生活场景，还可以实时搜集用户数据以动态描述用户特征。当需要开拓新客户或对现有客户进行追加销售时，企业可以通过该技术手段自动从潜在客户群体中找到与现有客户类似的画像群体。

2. 市场颗粒度更细

在大数据挖掘和分析技术的支持下，企业可以对客户细分进行精准化描述，开展精准营销甚至一对一营销。千人千面是一种基于个性化推荐的营销技术，通过对用户的历史行为、兴趣爱好、地理位置等多方面数据的分析，给每个用户呈现出个性化的推荐内容，提高内容精准度，让用户觉得更加人性化，以提高用户的满意度和购买转化率。例如，优酷每天为上亿用户推荐上亿的视频，不管在优酷的首页还是垂直频道页，都全面采用了个性化技术做分发，不同用户看到的都是根据用户个性化的兴趣匹配的不同内容。在网页的一些核心位置，不同用户看到的节目大图也是个性化定制的。

5.2.2　目标市场选择

在目标市场的选择方面，过去企业非常注重目标市场客户本身的盈利性，但是预测能力有限，市场选择的成功与否非常依赖营销人员的经验和洞见。数字时代，数字技术能帮助企业在目标市场的评估和选择上更加系统、深入、精准，对客户盈利性的评估也更加多维。相比传统营销，数字营销下顾客之间的影响更大，评价顾客价值时需要更加关注其对其他消费者影响的价值，精准的用户画像和社交网络分析等技术可以帮助实现多维度综合评价顾客价值。

1. 用户圈层选择

在数字技术赋能下，意见领袖影响、社交裂变等因素对企业目标用户的圈层选择产生极大影响。移动互联网使得圈层加速形成，各种属性的圈层丰富多样。企业需要选择与自身营销定位最接近的圈层，投其所好，进行精准营销。意见领袖是在人际传播网络中经常为他人提供信息进而施加影响的活跃分子，在大众传播效果的形成中起着重要的中介和过滤作用。对意见领袖进行有效管理，不仅有利于迅速扩大品牌传播的密度与广度，甚至直接影响或重塑商业模式。例如，某瑜伽服饰品牌进入我国时，与大量瑜伽教练和健身达人合作，借助他们的影响力在目标消费者中树立积极的品牌认同；邀请许多专业运动员、瑜伽教练、明星等担任门店大使，联合开展各种社区课程、团队竞赛等活动。

2. 小众市场机会

在供给趋向无限的今天，消费者各类原始的或主流的需求几乎都能得到满足，但是派生性的或超细分的需求持续凸显。越来越多元化的社会以及数字技术的赋能，使得大量企业选择小众用户作为目标市场。针对小众市场的营销，首先要找到特定客户群体，然后利用数字技术与之快速连接，形成可以持续交流与交易的社区，可以利用已有社交平台或者自建社区来实现。越是精准的特定客群越需要加强深度的产品众创，企业建立与小众用户持续交流与交易的社区可以将消费者转变成产消者。众筹就是一种实现众创的重要手段，它可以帮企业在产品生产出来之前，测试小众消费者的需求，增进他们对市场的理解，及时发现问题并作出调整。

5.2.3　目标市场定位

定位工作的目的是寻求差异化并影响消费者的心智。企业通过设计产品和形象，在目标客户心中占据一个独特的、有价值的位置，以区别于其他品牌，从而实现企业潜在利益最大化。它要求企业在品牌建立初期和发展过程中，不断根据市场竞争和品牌自身资源情况，确立有利于品牌保持相对优势竞争地位的品牌核心价值观，并以此价值观触动和同化目标消费者，形成稳固的品牌忠诚度。

1. 品类代言词

品牌方可以通过有效的差异化与区隔，开创新品类或将自己发展成品类代言词，实现品牌和品类捆绑从而创建品牌。数字时代，把握商业趋势，发现品类机会，以成为潜在客户心智中的品类代表为目标，推动品类不断发展并最终主导品类，可以创建强大的品牌。

2. 融入具体场景

数字技术能帮助识别出更好地引起消费者共鸣的方法，将企业的产品和服务自然地融入消费者生活和工作的场景中。从定位群体顾客到定位个体客户，从定位顾客到定位顾客旅程的具体环节，数字技术可以使定位更精准。在构建完品类并成功赢得市场后，可以用水平思维进行迭代、延伸，增加营销创造力，打开新的市场空间，构建横向生长的生态圈。例如，美团最初从团购业务起家，后来逐渐扩展到外卖、酒店、旅游等多个领域，成了综合性生活服务平台。

阅读材料

Q 网站的大数据营销

作为汽车内容垂直领域的综合服务商，Q 网站运用其大数据平台"车智云"去挖掘市场动向，预测需求。利用自身新闻、看车、论坛与 4S 店交流等巨大的流量，汽车之家拥有线上汽车媒体高达 73% 的数据，包括文字、图片、视频在内的海量的用户产生内容、职业产生内容、专业产生内容以及用户（"车友"）对这些内容详细的访问数据，这些数据允许他们开发出了精准的消费者分析营销模型。

Q 网站的 UVN 用户分群模型通过用户（U）、价值（V）、需求（N）三个维度对"车友"进行分类分析，帮助车企对消费者进行精准营销，提高转化率。同时，模型还借助用户大数据，预测潜在汽车消费者的需求方向，也就是对未来用车的趋势有一个精准的判断。这样不但可以对地区销量进行预测，帮助车企调整库存；更重要的是，通过分析舆论，洞察趋势，让车企发现核心客户群的变化，以及对手的潜在威胁，为车企在营销活动策划甚至新车设计上提供有力参考。相比传统的客户经理式方法，这样的智慧营销为商家节省了更多成本，还大大提高了效率和精准度，促进更多的邀约到店，甚至线上销售。同时，对于车友动态的实时分析，也帮助维修、保险等下游高附加值的行业商家找到合适的客户，从而实现转化。Q 网站充分利用了流量带来的红利，在消费者的行为数据里挖掘价值，服务了整个垂直行业，创造了很大的收益。

资料来源：孙亚程，李艾珅. AI 智慧营销［J］. 清华管理评论, 2021（1-2）: 22-29。

5.3 数字时代的营销组合

5.3.1 数字时代的产品策略

数字时代，产品和服务之间的边界日趋模糊，许多传统营销的产品已经超越了产品本身的边界。当下海量同质化产品共存，仅靠产品升级已无法有效地增强用户黏性。随着移动互联网、物联网的兴起，产品可以在更多的维度上进行差异化。

1. 产品智能化

大量产品因智能化服务在市场上获得更高势能。例如，当一台智能电视机通过分析用户历史观看数据实现自动节目推送时，电视机变成了内容服务产品，成了一个满足用户视听娱乐的智能机器人。在工业品领域，越来越多的企业开始为自家产品安装数据采集器，通过对回传数据的挖掘和分析，实时监控设备运行情况，预警设备故障发生概率，提示保养措施安排。智能化服务在提高服务质量和增强客户体验的过程中，利用数据技术实现智能化，并在智能化服务过程中采集更多的数据用于商业决策，如产品性能分析，为产品研发设计与制造提供可分析数据，形成一个基于数据的闭环。

2. 产品服务化

互联网和大数据应用使得以前没有服务化的商品，也可以被用于满足短期或临时的需求，产品服务化的范围正逐步扩大。产品服务化是将卖产品转化为卖服务，客户不需购买产品而只需购买产品提供的服务，其本质是使用权与所有权的分离。某些租赁形式以及后来衍生的融资租赁都是产品服务化的模式。以汽车为例，传统上消费者购买汽车获得所有权和使用权，后来消费者可以采用融资租赁的方式提前获得汽车使用权，如今共享汽车使得消费者可以低门槛拥有更多汽车使用权。企业借助互联网、移动互联网、物联网、大数据等技术，保证消费者在使用过程中的财产安全和服务过程中的效率，从而放心地将更多的产品使用权授权给消费者使用。很多时候消费者只需要自助服务，无须与运营企业面对面交接，因而大幅提升了使用权交接和付费服务的效率，更容易形成可持续商业模式。

3. 产品共享化

随着移动支付普及以及消费者理念向"不求拥有只求使用"转变，共享经济利用长尾的兼职供给，带来差异化体验和成本优势，构建出全新的产品服务平台。从拥有到共享，共享经济是对"沉没"闲置资源的社会化再利用，是将熟人之间的共享关系推向更广泛的陌生人网络，产生设备共享、空间共享、技能共享、品牌共享、信用共享、时间共享等丰富业态。

在移动互联网技术赋能下，"零"边际成本、商业化信任和社会化互联三者共同驱动共享经济快速发展。全面移动化使得大量闲置资源成为有效供给，便利的移动支付保证了共享经济平台的便利性和中介性，供需双方互评与动态定价等动态反馈机制更好地实现交易匹配。

4. 产品开发精益化

尽管产品开发洞察的营销技术不断改进，使得消费者洞察越来越精准，但仍旧难以保证产品的成功。随着精益创业思维被广泛认同并实践，最小化可行产品方法论获得大范围运用。开发最小化可行产品，设置实验来快速、低成本地测试背后的假设；把每次实验看作一次了解什么可行、什么不可行的机会进行验证式学习；吸取每一次实验的教训后再来做下一轮实验，加快"开发—测量—认知"的反馈循环，定期决定是改变策略（转型）还是继续下去（坚持）。数字时代高效的反馈技术使得预先全面洞察的必要性大大降低，企业只需抓住客户的问题推出最小可行性产品，然后持续尝试、验证、迭代。细致全面但耗时的策划被市场测试取代，对客户的已有认知被顾客及时反馈取代，前期大而全的产品开发被反复的设计和迭代改进取代。不少电视剧的拍摄采用了最小化可行产品的操作方式，导演投资剧组先拍出前几集，然后根据市场反馈决定修改或放弃，通过不断测试找到符合市场的风格和内容。

5.3.2　数字时代的价格策略

定价问题很复杂，没有标准答案，它与产品、定位都高度关联。有三个影响定价的因素，它们分别是成本、同行或者竞争对手的价格、对顾客的价值，因此出现了基于成本、对标竞争对手、基于用户感知价值的三种定价策略。基于成本定价在传统的产品销售企业中被普遍使用。常规情况下，成本是产品价格的下限，一个企业不可能长期以低于成本的价格来销售产品。对标竞争对手定价在我国市场上被普遍使用，但这个方法若运用不当会造成严重的后果，如价格战。如果对手的价格是稳定的，那还比较容易定价；如果竞争很激烈，价格在不断变化，那就很难预测竞争对手的反应。基于用户感知价值定价是指基于消费者感知，在前期设计产品和服务的过程中，结合消费者的诉求，了解他们能感知到的价值，从而制定合适的价格策略。其背后的理论依据是客户会因更高的感知价值产生更高的支付意愿，也即价格是价值的一个度量单位。顾客感知价值有时候与成本没有特别大的关系，不同文化对不同商品价值的评估也是不一样的。

数字时代下，越来越多的价格策略表现出从收费到免费、补贴组合策略，从无差别定价到动态与场景定价的趋势。

1. 免费策略

数字时代，免费策略被更广泛运用，这不仅是定价模式、营销模式的改变，其本质是一种基于客户资产的商业模式创新，即企业不再简单关注顾客当下带来的盈利，而是关注所有客户终身价值折现值的总和。在行业边界模糊的今天，企业通过免费模式获得客户资产后，很容易通过自身延伸或合作向其他业务或其他行业渗透。企业的定价方式需从以往的直接受益，转变成直接受益、关联受益、延伸受益、衍生受益等多维度组合。免费增值模式、广告模式、交叉补助模式等免费模式，都是对客户资产的不同经营方式。

2. 智能定价

伴随移动互联网兴起，基于场景的动态定价等新型定价策略开始流行。传统模式下，企业按照内部定价策略单方面指定一个具有一定固定性和无差别性的价格，但是当面对一些需求动态变化的场景时，定价需要根据不同场景实时优化，以更好地应对供求变化。以滴滴打车为例，综合考虑时间、空间、天气、路况等多场景维度，提取大数据进行高速加工，建立大规模的计量经济模型和数据库，对市场作出实时反应。在高峰时段，平台上的车辆无法满足大量需求时，通过提价可促使更多司机及时加入，改善供需的不平衡情况。智能定价可以将运营部门内部定价规则与外部客户定价规则相结合，帮助企业在营销活动中及时根据竞争对手的产品定价快速调整竞价策略，其高频的响应能力可以帮助企业快速提升销量。

📖 **阅读材料**

二手车交易智能定价

某二手车交易电商推出一套人工智能定价系统，该系统由两部分组成。

一是建立在数据基础上的曲线回归分析，即车辆残值预测系统，它可算出同一车型价格变化的趋势，即估值。二是由估值进入定价的时候，人工智能派上用场，其操作方法是首先要找出定价区间里的"锚点"，所谓"锚点"就是类似的车，即具有相同车型、颜色、年份、里程、大概车况的车；然后，由于具体车况不同，要继续找出 A 级相似度的车，通过对比当前车与 A 级相似度车的部件损失来计算需要扣除的相应费用，继而还原标准车况；接着，根据不同损失的价格进行相应费用的扣除，从而得到这辆车在车况状态下的恰当估值。只要数据足够多，人工智能可以达到专家的估价水平。2017 年初，该电商开始应用这套系统对 15 万辆车进行定价，其中用于交易的车辆达 3 万辆，人工智能定价和最终车辆真实交易价格的误差小于 5%，侧面说明了运用人工智能估价取得了不错的效果。

资料来源：阳翼．人工智能营销［M］．北京：中国人民大学出版社，2019。

5.3.3　数字时代的渠道策略创新

企业的渠道策略正从单渠道、多渠道转变成跨渠道甚至全渠道。传统上，企业无论采用单渠道还是多渠道策略，客户一般都在一条渠道完成全部购买过程，企业会在不同渠道上针对不同人群进行差异化产品的供给与定价。随着数字技术的深度应用，不同渠道之间可以实现交互与协作，每条渠道仅需完成销售的部分功能。例如线上与线下互动合作，消费者在线下了解商品然后线上订购，或者线上购买后到店自提。此外，传统营销关注渠道的选择，但数字时代下更关注如何获得更多与消费者接触的触点。

1. 全渠道策略

全渠道是企业采取尽可能多的销售渠道类型进行组合，激发更广、更深的跨渠道协作效应，提高客户的综合体验。这些渠道包括：实体渠道，如实体商铺、服务网点、自助售货机等；无形渠道，如网上店铺、手机应用、电视电话购物、直邮和目录等无形店铺，以及网页、电子邮件、社交媒体等信息媒体。全渠道表现出全程、全面、全线三大特征。全程指消费者从接触品牌到购买的整个过程中，包括寻找、对比、下单、体验和分享等环节，企业需要在每个节点与消费者保持全程接触。全面指企业可以跟踪和分析消费者的购物数据，适时与消费者进行互动，了解消费者购物过程中的决策变化，为消费者提供个性化的建议，从而全面提升其购物体验。全线是销售渠道从单一到多渠道，再到全线覆盖线上、线下的全渠道，渠道的覆盖范围变广，线上、线下的融合程度不断提高。

跨渠道和全渠道策略给渠道管理带来巨大挑战，如何协调好不同渠道之间的利益是渠道融合的关键难点。将实体门店、电商、社交平台、CRM会员系统打通，通过线上、线下整合，实现数据的共融互通，向消费者提供跨渠道的无缝化购物体验。渠道的整合能对企业的资源进行优化，让原有的渠道资源不必再进行投入。

2. 渠道触点化

数字营销时代，企业更关注如何获得更多与消费者接触的触点，触点即渠道。无论何时何地，消费者都可以获取品牌、产品、价格、口碑等信息，不再受限于线上与线下方式的划分，彻底打破现有线下实体店、线上网店的界限。网络视频、大V微博、户外广告、二维码等，都可以成为实现销售的渠道。将消费者与品牌的所有触点转变成购买触点，综合所有渠道的功能，以便为消费者提供更集中、更全面的体验。

触点包括线上触点、线下触点、商业触点、社交触点等不同维度多种类型。随着移动互联网的普及，智慧城市、智慧社区、智慧楼宇持续覆盖，消费决策场景进一步丰富与交叠。触点之间相互关联，还可实时进行数字化运算。社群触动、社区服务、线下体验、线上搜索、口碑验证等，每个环节都有支持无缝链接、多向互转的基础设施，进一步强化消费者的习惯。对触点进行数字化改造，连接物理世界和数字世界，既是相对轻量、低成本的数智化转型方案，也为推动长期变革奠定基础。

5.3.4 数字时代的推广策略

数字时代，品牌从传统的劝服者，逐渐转成互动者与赋能者，表现出更鲜明的个性与价值观导向。品牌除了通过产品解决消费者痛点之外，还需要有其自身独特、鲜明的观点或风格，因为消费者更倾向于选购其认同价值观的品牌。内容营销可实现更高频的营销互动，让用户更多地了解企业及产品，增加用户的兴趣，展示企业或产品的独特风格，乃至传递品牌价值观，建立用户忠诚度。社群营销和全员营销可以借助企业内外部广泛人员的力量，快速扩大营销活动影响范围。数字时代，广告投放方式也在向智能化演变。

1. 内容营销

广告的形态从自上而下的信息传播方式转变为讲故事式的内容营销。内容营销是指企业通过创作或收集整理后主动发布的文字、图片、信息图、视频、直播等各种形式的有价值的内容，吸引消费者的关注，进而增进其对品牌的了解，培养好感，最终导向购买。互联网发展带来了电子邮件、门户网站、即时通信等新技术，也逐渐催生了众多社交媒体平台，给内容营销带来极大便利，使资源匮乏的中小企业也获得开展内容营销的机会。过去只有大企业才有足够的人力和财力发行出版物或是制作电视广播节目，现在任何企业只需要注册自己的社交媒体账号，就可随时发布各种内容，大大降低了企业内容营销的难度和成本。社交媒体平台的开放性使得企业发布的内容有可能覆盖全球的用户，获得受众广泛的关注、反馈和传播。企业需善于将社交媒体的热点与品牌信息进行有效链接，将热点信息纳入自己的传播、互动中，打造企业自身的魅力点。

2. 社群营销

建立社群也是激发口碑与参与度的重要手段，社群电商便是一个典型应用。社群电商将用户从消费者变为创业者和内容创造者，通过高效管理和激励这些超级用户实现流量裂变。超级用户一般是从平台的重度使用者中发展而来，成为平台的合作者，他们对品牌形象进行积极维护，利用自身的关系网将身边的家人、朋友等转化为客户，从而为平台带来流量和销量。平台对这些超级用户进行培训、为其提供发展平台以及进行关系维护，给予足够的授权、支持和帮助，让其拥有自由空间创业，以强化关系。这些超级用户通过内容创造和试用品等方式吸引身边用户、通过社群氛围营造和用户激励来维护和强化同普通用户的关系。

3. 全员营销

数字时代，企业的营销组织结构围绕着与顾客实施连接和情感沟通而展开，营销流程不再是传统的营销部门可以单独完成的，需要客户服务、研发、维修、物流等非营销部门与之协同。发达的网络、移动设备和社交媒体为全员参与营销提供了契机。全员营销并不简单等同于全员卖货，它强调全员装备营销意识，员工平时要带着"卖出去"的想法积累好想法与好创意。全员营销可促进部门之间的熟悉与理解，增进前端部门和后端部门之间的协调配合，进而提高整体解决方案的水平。全员营销使企业的资源使用率最大化，使原本一小群人做的事情变成整个企业一起来做，与客户接触的员工更多且服务更加立体。例如，企业中的技术团队可以在社交媒体上建立个人微博或公众号，成为技术方面的意见领袖，回答客户技术问题，通过自身的影响力发布与企业相关信息，为企业提升知名度。

4. 智能广告投放

在大数据和算法驱动下，广告投放日趋智能化，机器学习和数据算法即将取代经验。大数据技术在数据来源、处理方式和应用方向上截然不同于传统数据处理系统，它纳入大规模的行为数据，进行全量加工，执行自动化应用。营销人员可以建立模型，用逻辑回归的方式建模预测，通过机器学习对模型进行参数调优和升级。字节跳动旗下巨量引擎团队的"创意机器人"就把制作广告这一环节自动化了。设计师用专业设计软件制作专业级 PPT 视频广告形成标准模板库，广告主自选模板并上传自己的照片，系统会自动推荐适合的标题、文案、背景音乐，自动生成多个 PPT 视频广告，然后分别投放，并快速测试评估视频广告效果。

📖 阅读材料

驱动员工的力量，助力业务创新

内蒙古正大食品有限公司开始全员营销项目时，有 15 人参与，他们来自生产车间、职能专业线的员工和主管等。项目立足员工住宅小区，借助物业微信沟通群、小区妈妈驿站等平台利用两天时间迅速建立微信群，第三天全面启动以员工所居住小区为单位的"正大产品内购福利群"，同时找到公司的明星产品进行售卖，打响了全员营销项目的第一炮。15 名非销售职能员工，1 天做了 16000 元的销售业绩；第二周持续"吸粉"，兼职选品、定价，做到了将近 30000 元的销售额。他们总结邻居内购模式发现，可以发起企事业单位的团购，例如学校、银行等。第五周他们就完成了 5 次单位团购，将近 36000 元的销售额。

同时，人力资源部为员工团长量身定制了晋升机制，基于月销售情况晋升。团长星级越高，利润分配比例越高。此外，还设计了其他激励政策，将员工团长分成小团队，每个团队 5~8 人，团队间进行销售额、重点销售品类、销售订单数量的比拼，每周公布个人的突出贡献奖、最佳服务奖、销售达人、最佳单品销售奖等奖项。这种及时的反馈有效地调动了大家的积极性。

资料来源：正大集团内蒙古区．喜报！热烈祝贺内蒙古正大食品有限公司荣膺 2022 拉姆·查兰管理实践奖［EB/OL］．（2022 - 11 - 11）［2024 - 04 - 11］．https：// mp. weixin. qq. com/s/0LUNSSYHW6bYAz7lwaeyTQ。

5.4　数字营销场景

5.4.1　新零售营销

零售是把"人"与"货"用"场"连接起来，实现把产品卖给用户或为用户找到产品。随着互联网蓬勃发展，零售行业出现了一些新的基础要素，导致零售形态发生巨大变化。新零售通过重新组合信息流、资金流和物流三要素，创新"人"与"货"的连接方式，提高交易效率。互联网为消费者提供高效的信息传递，但让消费者损失了对产品的即时体验；而线下零售则具备体验性、可信性和即得性等优势。新零售就是要结合线上的高效率和线下的体验性，使消费者在享受高效率的同时获得体验性。在需求侧，新零售从流量、转化率、客单价和复购率着手努力提高效率。在供给侧，新零售改变产品设计、制造供应链，使整个产业链不断优化；这背后都离不开数字技术的支持。新零售利用丰富的数字化、智能化技术，以数据驱动，超越传统的业态边界。新零售对内强调基于数据的内部业务单元的高效协同，对外强调不同产业链条环节间的协同联动。通过数智技术应用与产业协同，新零售可以完成"人""货""场"的一系列关系重构，带来用户体验的全面提升、用户运营能力的极大增长，以及全域营销的常态化与可持续。

1. 业务数据化

业务数据化需要将业务过程中产生的各种痕迹或原始信息记录并转变

为数据，通过数据治理的手段打破数据孤岛，实现上下游系统数据的融合融通，同时通过业务对象、业务规则、业务过程的全面数据化确保端到端业务流程的高效自动化运行，并且为全流程的优化奠定数据基础。传统零售下，自营门店、加盟店、代理商、自建电商平台、天猫商城、小程序等触点都有自身的流量与触达方式。新零售下，基础设施全面上云，各个触点数字化、移动化，企业可与合作企业、消费者之间达到高效感知与有效配合。在触点实现数字化后，将其与各个业务模块连接，构成实时在线的有效服务体系，从而使原本割裂的场景触点融合化与平台化。企业将各个触点收纳来的业务统一中台化，汇集沉淀所有业务，实现不同渠道关联业务的相互流转，将割裂的场景进行拼接，最终交易、订单、库存与用户行为都会汇集到业务中台。例如，零售企业打通线上线下的服务边界后，可以很快聚集起此前只在单一场景消费的客户。全渠道触达会给消费者带来更立体、更优质的零售体验，并且通过用户画像间接找到消费者增长点，如转化更多的潜在新客户或将低频率购买客户变成高频长期客户。零售企业将商品管理、营销管理、会员管理、订单管理、物流管理、数据管理等模块汇聚于业务中台，加强商业运营能力，实现高效果断的业务决策与产品创新。随着数据的不断积累，可以及时发现问题，快速迭代业务流程、资源配置和管理方式。

2. 数据业务化

随着数字技术应用深化与数据持续积累，零售企业不再局限于业务数据化，将更加注重从数据中挖掘新业务。数据业务化以业务数据化为基础，但对业务数据化提出更高的要求。数据业务化是指在数据整合的基础上，将数据进行产品化封装，并升级为新的业务板块，由专业团队按照产品化的方式进行商业化推广和运营，比如消费者洞察。传统上，零售企业推出新品、打造爆款依赖已有经验和小范围调研，但在数字赋能下企业可以在新品孵化和上市阶段进行多方面数据分析与预测，大大提高新品成功率。在阿里巴巴平台大数据驱动的消费者洞察支持下，某日化品牌新品研发周期从2年缩短至3~6个月，而且其中超过85%的新品在上市半年内就能名列同品类前茅。

3. 决策智能化

随着人工智能与大数据分析技术的成熟，智能系统将越来越多地参与到企业营销决策中来，提升决策的精准度与合理性。以零售业常见的产品库存量单位（SKU）繁多问题为例，商家倾向追求大而全导致 SKU 数量繁多，在意识到一些 SKU 并非必要且不盈利时试图做减法，可如何在数万 SKU 中快速准确地挑选出需要剔除的商品是一个难题。企业可以通过智能决策实现更加精准的用户运营，解决人群圈选方式低效、人群圈选方式不能自动调优、难以个性化运营等问题。例如，每年"双 11"都有大量新品牌加入天猫商城，阿里巴巴平台通过长期深入的消费者数据分析与品牌定位，为不同的客户群体和新品牌建立有效的智能决策连接，让新品牌可以以最低成本、最短链路触达客户，实现新品牌向新爆款的快速蜕变。

5.4.2 元宇宙营销

元宇宙这个概念出自 1992 年出版的科幻小说《雪崩》，指能让人们在其中生活、社交和工作的虚拟世界。随着元宇宙第一股 Roblox 以及脸书（Facebook）公司改名 Meta，元宇宙引发广泛热度。元宇宙被认为是移动互联网的继承者，用户不仅可以查看其中的内容，还可以置身其中。元宇宙往往意味着线上线下的一体化，实体和电子方式的融合，为用户提供更"真实"的体验。

元宇宙技术并不是一个全新的技术，它是扩展现实技术、渲染技术、人工智能、5G、区块链技术等现有数字技术的综合集成运用。通过对现有数字技术的整合和运用，逐步打通虚拟空间和现实空间的技术限制，使企业具备为客户提供虚拟营销服务的能力。元宇宙里，营销中的人、货、场都发生了巨大变化。（1）人。营销对象除了现实中的用户，还增加了用户在虚拟世界中的数字替身，企业需要向基于价值交换并面向数字替身的沉浸式营销转型。（2）货。现实世界中的货可以通过区块链进行虚拟化，但现实世界中的货与被映射到虚拟世界的货在产品功能和性能上并不完全一致，在技术的加持下虚拟世界中的货能对现实世界中的货起到增强作用，并且能给现实世界带来正反馈。（3）场。元宇宙可为企业提供与用户深度互动的新场景，已有的线下场景和线上商城都将被重构。元宇宙现在已有游戏、社交和非同质化代币（NFT）交易（如数字收藏品、虚拟地产等）等场景，虚拟会议等工作场景以及虚拟演出活动等娱乐场景也正在成熟中。

1. 面向数字替身的营销

数字替身是用户在虚拟世界选择或创作的、代表自己的3D或2D形象。它可以是现实用户的虚拟映射，也可以是现实用户的理想化延伸，以超自然人或者动物的形象出现。企业利用游戏化的体验设计，把品牌故事和品牌虚拟资产融入用户的游戏和社交场景中，向数字替身提供带有品牌标识的数字化产品，在虚拟的世界里解决数字替身的衣食住行问题，满足用户个性化表达的需求。

企业也可创建品牌数字替身参与虚拟社区的建设，并且提供虚拟化的产品、服务，提升品牌价值。企业需要考虑更加智能化甚至完全虚拟化的商品，重构商品的设计、研发和生产，使商品具备稀缺、可确权、可互操作以及可跨平台使用和继承等新功能。品牌曝光不再依赖公共场所的巨幅海报和交互界面的展示广告，而是伴随一个个带有品牌元素的数字替身深入广泛的元宇宙社群。品牌代言人不再拘泥于公众明星和网红，所有认可品牌理念并且共享品牌价值的无数元宇宙玩家都可以成为品牌的代言人。除了品牌自身，所有带有品牌元素的用户数字替身也可以成为品牌故事的讲述者。

2. 去中心化营销

在元宇宙中，无论在公域还是私域营销场景，元宇宙营销都依托于去中心化的用户互动平台，逐渐向面向数字替身的沉浸式价值交换方向发展。目前元宇宙游戏和社交平台聚集了大量用户，是元宇宙营销首选的公域场景。品牌建设的私域场景将经历变革，已有的以自动化营销为基础的私域营销也将被更加多元的社区互动所取代，品牌方需要重新搭建一套以沉浸式互动和价值交换为基础的元宇宙营销体系。在具有去中心化特点的元宇宙社群中，仅仅依靠口碑、裂变以及游戏化营销是完全不够的，因为实时互动是由用户主导的，用户有更多的自由度和自主权来选择互动的内容以及互动的方式。虽然品牌虚拟专区是由品牌创建的，但不能像运营微信私域一样来运营。这个私域不再是圈定品牌势力范围和影响力的平台，而是实现品牌与用户全时互动的场景，它不再依赖客户关系管理系统，而是依赖品牌与用户的价值交换平台。

3. 基于NFT的营销

非同质化代币（non-fungible token，NFT）从根本上改变了商品本身以及围绕商品产生的品牌与消费者之间的关系。每个 NFT 都是独一无二的数字资产，其所有权信息被存储在区块链上并且公开。NFT 解决了商品所有权确认的问题，促进了新型交易模式的产生。NFT 所有权易于验证和转让，可创建各种不同商品的市场甚至新的商品交易形式，如商品所有权的共享。将 NFT 与用户忠诚度活动结合，不仅可提升用户体验，还可建立品牌与用户的新型协作关系。用户无论将品牌 NFT 作为个人头像还是作为数字内容进行分享，都是用户个性和价值表达的过程，也是为品牌代言和背书的过程，品牌可以据此建立一个用户高度参与的社区。

随着 NFT 数据系统不断积累，未来品牌可以用极低的成本去积累消费者数据，更精准地触达用户。如果越来越多的品牌都开始参与 NFT，整个市场就会形成一个开放的、庞大的 NFT 数据系统。NFT 结合数字钱包解决了消费者隐私安全的问题，让品牌在积累消费者数据的同时不会侵犯消费者隐私安全。因为 NFT 交易记录在区块链上不可篡改，品牌积累的数据都是真实的。此外，品牌可以看到全市场的 NFT 数据，而不仅仅是自己品牌的数据，因为记录 NFT 交易的区块链账本是全市场公开可查的。因此，未来品牌之间的竞争会更看重品牌独特性价值和公开数据的分析能力。

📖 阅读材料

N 运动服装公司的元宇宙营销实践

元宇宙概念火爆之后，N 运动服装公司紧紧抓住风口，迅速走在了元宇宙实践前列。N 公司在元宇宙平台上建立了品牌虚拟专区，发售 NFT，和知名品牌合作发行虚拟实体元宇宙鞋等。元宇宙为 N 公司提供了一个链接玩家、运动员和艺术家的平台，并把体育、创意、游戏和文化四个要素完美结合在一起。

N 公司在社交平台上建立了 N 乐园，作为永久的元宇宙品牌社区。在这个虚拟社区中，N 公司为用户的数字替身提供了虚拟的服装和运动设备，其装备体验区可以让用户数字替身在这里穿着体验。虽然 N 公司并没有推出自己的品牌数字替身在这里与用户互动，但是 N 公司会不定期邀请体育明星的数字替身来 N 乐园与用户见面。N 公司还开发了障碍跑比赛等游戏，并向玩家提供了游戏创造工具和道具，以便玩家自创迷你游戏，增加互动性。N乐园里创造了游戏化的价值交换机制，玩家的时间、行为以及创意都将被量化并兑换成玩家收益。

N公司除了通过虚拟社区和虚拟产品打造用户在品牌虚拟世界中的体验外，也积极探索虚拟世界如何与现实世界联动互通。例如，N公司联合其他公司把虚拟世界中的N乐园通过增强现实技术放到线下的现实世界中，在纽约复刻了N乐园，可以让用户在现实中体验N乐园。

N公司于2021年收购了一家虚拟产品设计公司，开始布局NFT项目。利用游戏引擎、NFT、区块链身份验证和增强现实设计虚拟产品和体验，该公司曾创下6分钟出售600双NFT运动鞋的战绩，成交总额高达310万美元。

为了更好地探索元宇宙品牌营销的新模式，N公司成立了虚拟工作室，专注于虚拟运动产品，并已经在洛杉矶和纽约设立了创意中心。这个部门将与N公司的核心业务部门合作，为消费者提供一流的Web 3.0、元宇宙以及基于区块链的体验。

资料来源：栗建．元宇宙营销：认知、方法与实践［M］．北京：机械工业出版社，2023。

本章小结

数字技术改变了企业的营销手段和营销方法，极大地推动了营销战略和范式升级。本章从数字时代的营销战略创新、产品策略、价格策略、渠道策略、推广策略展开，结合案例展示了数字时代背景下营销范式核心组件升级表现出的趋势特征。首先，数字时代下市场细分颗粒度细化、用户画像技术全面升级，用户圈层化和小众用户市场催生新机遇，企业进行目标市场定位时应以品类代言词为目标去塑造用户心智，将营销活动自然地融入用户生活与工作场景。其次，数字时代下，产品策略向产品智能化、服务化、共享化、产品开发精益化转变。免费策略应用更为普遍，定价也趋向智能化。渠道触点化，全渠道融合发展。数字时代的推广策略日趋丰富，内容营销、社群营销、全员营销被广泛运用。最后，新零售场景营销表现出业务数据化、数据业务化、决策智能化等特征，元宇宙场景不断探索面向数字替身的营销、去中心化营销和基于 NFT 的营销实践。

思考与练习

1. 企业采用全渠道策略时面临哪些难点？数字技术如何赋能全渠道建设？

2. 在数字时代，营销组合中的产品策略有哪些新特征？

3. 元宇宙营销在人、货、场方面表现出什么特征？

4. 数字营销创新可能从哪些方面影响企业创新管理的其他方面？

延伸阅读

[1] 曹虎，王赛，乔林，艾拉·考夫曼. 数字时代的营销战略 [M].北京：机械工业出版社，2017.

[2] 菲利普·科特勒，何麻温·卡塔加雅，伊万·塞蒂亚万. 营销革命 4.0：从传统到数字 [M]. 北京：机械工业出版社，2022.

[3] 栗建. 元宇宙营销：认知、方法与实践 [M]. 北京：机械工业出版社，2023.

[4] 王永贵，项典典. 数字营销——新时代市场营销学 [M] 北京：高等教育出版社，2023.

[5] 张建锋，肖利华. 新零售之旅：数智化转型与行业实践 [M]. 北京：电子工业出版社，2022.

第6章　数字产品创新

引　例

杭州亚运会"黑科技"惊艳世界

2023 年 9 月 23 日的开幕式上，杭州亚运会采用数实融合的形式，完成了主火炬的点燃，打造了亚运史上首个数字点火仪式。代表 1 亿多数字火炬手的数字人形象，跑过会场，与真实的火炬手一起，点燃了主火炬塔。这是一个万众参与、数实互联的点火方式，改变了原来单个火炬手点燃火炬的方式。这是亚运会史上第一次"数字点火"，也是裸眼 3D 技术、现实增强和人工智能技术的完美结合。每一位参与的数字火炬手都会收到一份独一无二的区块链证书。

2023 年 10 月 8 日晚举行的闭幕式上，数字火炬人以"弄潮儿"之名再次踏浪而来。"弄潮儿"步履不停，由远及近地驻足于主火炬前，与观众"比心"互动，随着主火炬熄灭，现场响起了天籁般的童声，"弄潮儿"便向着"大莲花"场外奔去，迈向远方，边走边回眸，直至跃至上空后逐渐幻化为漫天星辰，洒向亚洲、点亮万家。

"耀眼""炫目""未来感十足"，在这些令人震撼的效果背后，是数字建模、动作捕捉、现实增强等多领域技术的融合使用，世优（北京）科技有限公司（以下简称世优科技）正是本次亚运会开幕式、闭幕式表演环节虚拟技术的提供者。流畅的跑步姿势、与真人无异的挥手、比心动作，对于世优科技来说，数字人火炬手的技术制作也是一个全新的挑战，技术团队需要反复调整数字人的角度、大小、动作、姿势，计算并修改相关动画数据。同时，为了让数字火炬手看上去在有力量地奔跑，世优科技利用自主研发的以"数字人工厂"为核心的"实时数字人产品体系"，进行多次动作捕捉效果测试，得到最准确真实的动捕数据，使得正式直播中"弄潮儿"所呈现的效果更加真实与流畅。

数字火炬手的出现，开创了全球首个数字点火仪式，也让更多的观众参与到亚运会中，感受到奥林匹克运动精神的魅力。同时，科技的力量也让我们的"万众一心"有了更为具象化的表现。

燃放烟花往往是大型综合性体育赛事开闭幕式的一大看点，在杭州亚运会开幕式这一全球聚焦的时刻，当美轮美奂的烟花从天空中绽放，与星辰共舞时，你可曾想到，这是"数字烟花"为观众演绎的一场视觉盛宴？其灿烂效果不亚于实体烟花的同时，还实现了零碳排放。

相比于传统的烟花秀，数字烟花的制造成本较低，而且更为安全。不仅如此，电子烟花秀还能够主动为用户提供以不同视角观看烟花秀的体验，用户不再局限于仰视视角，还能俯瞰烟花绽放的美景。不燃放实体烟花，并不意味着亚运会开幕式精彩程度会打折扣。现场通过数字科技、三维动画、AR技术等，同样将一场烟花视觉盛宴展示在观众眼前。

此次电子烟花秀由湖南孝文电子科技有限公司提供，在现场，他们提供了200多台电子烟花机。电子烟花机通过电子控制技术以及特殊的灯光和声音效果提供类似于真实烟花的视觉享受。事前他们对整个钱塘江周边建筑进行实时扫描，并实时建模，在其中模拟数字烟花绽放在不同建筑上的呈现效果。随后，借助使用增强现实技术将数字烟花与现场直播画面进行实时合成，让烟花仿佛真的在场馆中绽放一般。

这场数字烟花秀，仿佛将人们提前带入"赛博时代"。难怪有媒体评价，本届亚运会精彩的不仅是竞技，更是通过这场盛会让世界看到了一个按下科技发展"加速键"的中国。

资料来源：勒川. 杭州亚运会"黑科技"惊艳世界〔J〕. 中关村，2023（10）：12 – 17。

随着数字技术的不断进步，产品数字化已是大势所趋。一方面随着科技的不断进步和人们生活质量的不断提高，市场对数字产品的需求不断增加。人们已经习惯了数字化的生活，数字产品成为人们生活中的重要组成部分，对数字产品的需求也从最初的信息传递、娱乐消费等方面逐渐扩展到商务、工业领域。另一方面，数字产品的应用范围也在不断扩大。目前数字产品已经涉及人工智能、物联网、大数据等领域，这些技术的发展为数字产品的开发行业带来了巨大的机会和挑战。

数字产品创新是指利用先进的数字技术和创新理念来开发新型的产品或改进现有产品，其产物就是数字产品和数字化产品。数字和数字化产品不仅可以更好地理解用户需求，提供智能、个性化的服务，还能为用户提供无缝体验，打破时间和空间的局限。

6.1 数 字 产 品

6.1.1 数字产品定义

数字产品是指基于数字技术开发的产品或服务，通常需要借助计算机、网络等技术才能运行，具有强大的交互性和娱乐性。数字产品以数字代码的形式存在，通过计算机、互联网等技术进行传输和交互。各种社交平台和短视频平台都是数字产品的典型代表。

6.1.2 数字产品特点

（1）可编程性。数字产品可以根据用户需求进行定制和编程，灵活性更高。例如数字人民币可以通过加载不影响货币功能的智能合约实现可编程性，使数字人民币在确保安全与合规的前提下，根据交易双方商定的条件、规则进行自动支付交易，促进业务模式创新。

（2）可复制性。作为无形产品，数字产品基本都可以以低成本或恒定成本被复制、存储和传输。例如，有形的唱片必须被生产、运输和销售后才能被用户使用，而数字音乐可以通过播放器在任何时间、任何地区，被任意数量的用户听到。

（3）智能化。数字产品可以通过人工智能、大数据分析等技术实现自动化和智能化。

（4）交互性。数字产品可以与用户进行双向交互，满足个性化需求。

6.1.3　数字产品分类

以数字产品的形式和内容为划分依据，可以将数字产品分为内容性产品、交换性工具产品、数字过程和服务等三种类型。

1. 内容性产品

内容性产品是指表达一定内容的数字产品，这种产品的代表形式有新闻、图书、报刊、电影、电视、音乐等。在网络环境中，大量的新闻信息被数字化，且多数新闻网站都免费向消费者提供信息。随着电子阅读器的普及，大量的电子书在各种平台售卖，有些站点提供书籍免费下载服务。随着线上学习的普及，中国大学慕课等各种网络教学平台呈现大量的优质课程。此外，网站中娱乐性产品数不胜数，许多电影和歌曲都被制成数字格式在网络上进行传播。

2. 交换性工具产品

交换性工具产品是指代表某种契约的相关数字产品。如数字门票、数字化预订（如网上订票服务等）等，以及财务金融工具（电子支票、电子货币、信用卡、有价证券等），这些都是可以被数字化后成为数字产品的金融工具。数字化交换工具从数字化银行卡等金融交换工具到数字化高速公路缴费卡等运输交换工具，从政府公共管理事务活动的交换工具到社区活动的交换工具，等等，种类繁多。数字化交换工具提高了社会运行效率，降低了社会交易成本。

3. 数字过程和服务

数字过程和服务主要指数字化的交互行为，任何可以被数字化的交互行为都是数字过程或服务。随着计算机、智能手机的普及，各种不同的经营者都依赖互联网作为数字过程和服务的平台来开展各种商务和产品推广活动。数字过程本身必须由软件来驱动和激发，这是数字过程和服务与内容性产品的一个区别。如人们用超星阅读器阅读数字图书馆书籍时，必须先启动超星软件，这个启动过程就是数字过程。数字过程和服务与内容性产品的另一个区别在于数字过程是交互的。数字过程往往不能脱离软件单独完成，软件的作用是完成一些自动的程序，激发数字过程的发生，完成数字过程还需要人的参与，如填写在线表格，需要人作为主体来参加。在数字过程中，人的参与程度和水平是不同的，网上服务往往是数字过程和人的参与相互结合发生的。

📖 阅读材料

各类互联网应用持续发展

2023 年 8 月 28 日，中国互联网络信息中心（CNNIC）在北京发布第 52 次《中国互联网络发展状况统计报告》（以下简称《报告》）。《报告》显示，截至 2023 年 6 月，我国网民规模达 10.79 亿人，较 2022 年 12 月增长 1109 万人，互联网普及率达 76.4%。2023 年上半年，我国各类互联网应用持续发展，多类应用用户规模获得一定程度的增长。一是即时通信、网络视频、短视频的用户规模仍稳居前三。截至 2023 年 6 月，即时通信、网络视频、短视频用户规模分别达 10.47 亿人、10.44 亿人和 10.26 亿人，用户使用率分别为 97.1%、96.8% 和 95.2%。二是网约车、在线旅行预订、网络文学等用户规模实现较快增长。截至 2023 年 6 月，网约车、在线旅行预订、网络文学的用户规模较 2022 年 12 月分别增长 3492 万人、3091 万人和 3592 万人，增长率分别为 8.0%、7.3% 和 7.3%，成为用户规模增长最快的三类应用。

资料来源：第 52 次《中国互联网络发展状况统计报告》[EB/OL].（2023 - 08 - 28）[2024 - 04 - 11].https：//www.cnnic.cn/n4/2023/0828/c88 - 10829.html。

6.2　数字化产品

数字化产品就是将已经存在的产品进行数字化处理，使其带有数字化特点。本节首先对"数字化产品"概念进行介绍，然后对相关概念进行比较澄清。

6.2.1　数字化产品定义

数字化产品是指在传统产品或服务的基础上，应用数字技术进行转化和升级的产品或服务，如数字音乐、数字电影、数字图书馆等。数字化产品具有传统产品所不具备的便捷性和互动性，可以随时随地获取和使用。例如，各类电子书和网易云音乐等在线音乐平台都是数字化产品的典型代表。

6.2.2　数字化产品特点

（1）数字化转换。数字化产品利用数字技术对传统产品或服务进行转换，使其变得更加高效、便捷。

（2）增值性。数字化产品通过数字技术的应用，为传统产品或服务增加和提升新的功能和价值，使得消费者的购买体验更加丰富，同时带来更多的效益和收益。

（3）整合性。数字化产品能够整合多个相关产品或服务，提供一体化的解决方案。如一些企业集团的数字化管控平台就是通过将人工智能、数据中台、RPA、区块链等数字化技术深度应用于集团管控的各个领域，构建新的业务场景，推进集团企业管控方法，为企业数字化转型赋能，形成数字化竞争优势。

（4）个性化。数字化产品可以根据用户的个性化需求进行定制和提供个性化体验。例如，一些管理系统的供应商可以根据用户要求，基于系统的基础功能，通过增加部分特殊功能来适应不同用户的具体业务需要。

（5）连接性。数字化产品可以与其他数字产品或设备进行连接，互相传递信息和实现协同工作。

6.2.3　相似概念比较

与数字化产品相关的常见相似概念有信息产品和数字产品，它们之间既有联系，又有区别。

信息产品就是基于信息的交换物。信息可以是有形的，也可以是无形的，信息产品在网络出现以前就已大量存在，如书籍、报刊、广播、电影电视等，它们主要是以实物形式存在的。当计算机和网络信息技术出现后，信息的捕获、数字化、编码、存储、处理、传递和表达方式发生了改变，这使得信息产品的形式发生了根本性改变，开始出现数字产品的概念。

数字化产品包括有形数字产品和无形数字产品。有形数字产品是指基于数字技术的电子产品，如数码相机、数码摄像机、MP3 播放器等，其表现的具体形态是物质，而不是知识和经济，使用价值是靠物质产品来实现的，而不是靠传递信息来实现的。

无形数字产品又称数字产品。数字产品是被数字化的信息产品，是信息内容基于数字格式的交换物。数字化是指将信息编成一段字节，并转化成二进制格式。数字产品从产生、存储、运输到最终消费，都是以数字化编码的形式存在于磁盘等存储介质和网络中的。数字产品最主要的特征是数字化，因此，任何可以被数字化和运用计算机进行处理或存储，并通过如互联网这样的数字网络来传输的产品都可以归为数字产品。

一般情况下，信息产品与数字产品可以指同一类交换物，也可以指存在一定差异的交换物。例如，被数字化的书籍，既可以称为信息产品，也可以称为数字产品；但是纸张形式的书籍，只能称为信息产品，不能称为数字产品。数字化产品不一定是数字产品，如各种应用软件既是数字化产品也是数字产品，但数字化家电是数字化产品却不是数字产品；数字产品一定是信息产品和数字化产品，数字化产品与信息产品的交集构成数字产品，如图 6-1 所示。

图 6-1　信息产品、数字产品和数字化产品之间的关系

📖 **阅读材料**

海尔智家

海尔智家深耕生态品牌建设，致力于创建全球最大的智慧家庭生态平台。其中，衣联生态已成为我国最大智慧物联洗护平台，食联生态已成为用户首选的智慧食堂解决方案平台，Smart HQ 已成为北美首个智慧家庭物联生态平台……可见，海尔智家不仅在我国加速落地智慧家庭，更在全球范围同步推进。

在物联网时代，面对持续升级的用户需求，海尔智家不仅率先换道智慧住居领域发布场景品牌三翼鸟，更前瞻性布局了智慧家庭核心技术引擎"海尔智家大脑"，让用户实现从产品科技到智慧科技的体验跃迁。

海尔智家大脑拥有三大核心能力：理解力、感知力、生命力。首先，智家大脑首创家庭垂域模型 HomeGPT，能提升深度语义理解，让用户在家中自然交互。想要清蒸鲫鱼，你只需要说，"我要做半斤重的清蒸鲫鱼"，就能自动匹配最合适的烹饪曲线。其次，智家大脑还推出行业首创的智慧管家式主动服务，不仅赋能家电主动服务，还将海尔服务体系内置到用户家中。最后，凭借泛在智能连接和家庭自进化系统，海尔智家大脑能够打破家生活的边界，实现家电功能升级、场景无限迭代、生态服务持续拓展。

智家大脑的能力升级，意味着海尔智家与用户共创的智慧家庭体验将生生不息。目前，海尔智家智慧场景活跃用户数为 650 万户。而在智家大脑的技术支持下，海尔智家也保持着智慧科技的行业引领地位，实现了全球智慧家庭发明专利 10 连冠。

与此同时，海尔智家也在顺应时代，进行从企业数字化向数字化生态企业的变革。在这个过程中，海尔智家通过研发体系、制造体系、市场体系、订单体系的"4 大体系升级"来提升数字化企业平台力，又基于业务数字化、员工数字化、管理服务化、决策数据化以及生态平台化的"5 大模式变革"，重塑数字化企业生态力，实现效率持续优化。

资料来源：海尔智家坚持高端品牌全球化，实现全球 15 连冠［EB/OL］. （2024 – 03 – 15）［2024 – 04 – 11］. https：//www. haier. com/group/tech/news/20240315_236328. shtml？spm = net. tech_pc. news，有删减。

6.3　数字产品创新路径

按照技术融入的创新程度与复杂度和创造的价值两个维度，展现数字产品创新可以考虑的路径，如图6-2所示。路径越往右方发展，表示技术融入的创新程度与复杂度越高；路径越往上方发展，表示创造的价值越大。

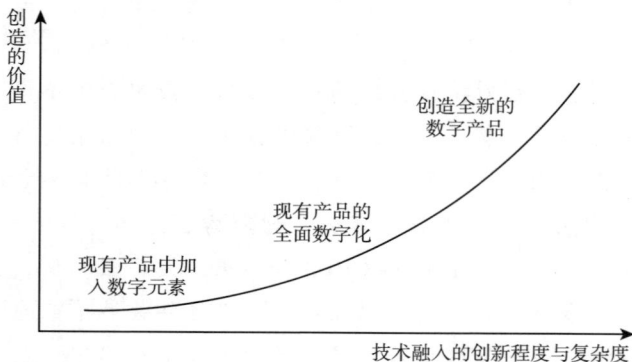

图6-2　数字产品创新路径

6.3.1　现有产品中加入数字元素

1. 内涵

在现有产品中加入数字元素是指运用数字化技术对原来的功能进行强化或者增加全新的功能。

耐克智能运动鞋就是在"Nike Plus"运动鞋的底部加装了传感芯片，以此来收集用户脚部的运动信息。利用这些信息，不仅能够计算用户行走的步数，还能生成更多有关用户身体健康状况的数据，比如卡路里消耗等。用户购买"Nike Plus"运动鞋主要还是为了运动时保护脚部、避免受伤，所以，传感芯片并不是运动鞋的主要功能，而是额外功能。

2. 战略价值

首先，数字化技术的应用可以提升产品或服务的功能，使用户体验得到改善或创造新的客户体验。当然,植入数字功能是起辅助作用的,并没有改变产品或服务原来的主要功能,比如数字化产品酒店机器人通过变革传统酒店服务模式,可以让旅客享受24小时的终端送餐、客户关怀及咨询服务体验。

其次,可以让企业形成差异化的产品或服务。植入数字功能是基于现有产品或服务,而每一家企业对数字化的理解和运用能力不尽相同,所以,增加数字元素能给产品带来额外的功能,提升用户体验,从而使企业的产品或服务与竞争对手形成差异化。

最后,产品功能上的差异可以提高产品或服务的附加价值,帮助企业形成不同价位的产品或服务组合。如把原来的产品或服务定位成入门级,降低其价格,用更低的价格门槛让产品或服务更具竞争力。同时,对于偏好更多功能且消费能力更强的客户,则可以提供高价位的数字增强版产品或服务。这样,企业既可以在低端市场达到价格竞争的目的,也可以满足高端客户的需求。例如,智能家居可显著提升传统家居的产品附加值。

📖 阅读材料

汽车产品的数字化

汽车将成为智能网联数字化产品,汽车的智能化与数字化直接相关。例如,智能驾驶的整个过程涉及数据采集、传输、分析、基于人工智能的算法和决策、决策驱动的应用。因此,智能化的本质是数字化,智能化产品就是数字化产品。

智慧出行。车联网并不只是把车和车连在一起,它还把车和行人、车和路、车和基础设施(信号灯等)、车和网络、车和云连接在一起,即V2X。车联网分为车内网、车际网和车云网三个网络层级。车内网以提供与车相关的服务为重点,车际网以服务出行为重点,车云网则提供各种生活服务。

智能网联汽车架构。一个完整的智能网联汽车架构由智能驾驶汽车、车联网云服务平台、车主移动应用、车联网大数据平台等组成。今天的智能网联汽车越来越依赖于其产品内的软件和产品外的服务平台,功能和性能越来越依赖于软件而非硬件，因为升级软件就可给汽车带来新的功能。"软件定义汽车"，产品以软件和数据作为业务的核心和驱动力。

车联网平台及服务。车联网平台连接车辆、用户、云生态平台，构成智能网联汽车生态。车联网平台包含四部分：车载主机（车机终端）、车载 T - BOX、手机 App，以及由车联网云服务平台和车联网大数据平台组成的后台系统。车载主机主要用于车内的影音娱乐和车辆信息显示；车载 T - BOX 主要用于与后台系统和手机 App 通信，实现手机 App 的车辆信息显示与控制。T - BOX 又称车联网控制单元（TCU），简单来说，就是安装在汽车上用于控制和监控汽车状态的嵌入式计算机。

车联网是汽车企业连接汽车产品的桥梁。车联网数据包括车辆性能数据、驾驶行为数据、信息娱乐数据等反映汽车运行、驾驶行为、汽车所处环境等极具研究价值的信息。车联网数据无疑是汽车企业的核心资产，包括了整车数据、发动机数据、新能源汽车电机、电池数据、故障报警数据、用户行为数据。

资料来源：作者根据互联网相关资料整理。

6.3.2 现有产品的全面数字化

1. 内涵

现有产品的全面数字化意味着现有的实体产品或服务不复存在，完全被数字化的虚拟产品或服务所取代，但其追求的还是原来的"使用目的"。这种形式是互联网发展中最早出现的路径，并且快速取代实体产品或服务，让原来的产品或服务完全消失，甚至促进了整个行业的转型。比如，亚马逊推出 Kindle 电子书，给了纸质书重大的打击。对读者来说，再多的电子书都可以放进 Kindle 里面，不占空间，更易于存放。同时，因为是零边际成本，所以亚马逊能够推出 Prime 会员方案，只要会员每年支付会员费，就可以无限量阅读电子书，使得已经出版多年的旧书有了新的生命。

最近几年出现了大量产品或服务全面数字化的案例。比如服务器，过去很多企业都会采购服务器，用来储存企业数据或运行企业软件，如"双11"活动出现的初期，为了应对活动期间流量与订单量的暴涨，不少企业会增加采购一些服务器。但是，活动一过这些服务器只能闲置，等到下一次大促。这种浪费现象，一直到云计算服务的出现才慢慢消失。云计算服务通过短期租赁的方式，让企业获得更大的弹性和灵活性。企业可以在需要的时候租用云计算服务实现扩容，等到高峰时间过了就退租。这就是服务器硬件虚化带来的价值和优势，也由此成就了一批数据中心服务商。

2. 战略价值

首先，因为现有产品或服务全面数字化使得产品的边际成本为零，意味着每多销售一个单位的产品，需要额外支出的成本为零，另外，也没有库存积压的问题，而且交付成本也为零。Kindle 电子书为什么可以卖得比纸质书便宜，就是因为它没有纸质书的印刷成本和运输成本，卖得再多都不需要花费额外的成本。

其次，由于边际成本为零，所以数字化产品或服务在价格策略上获得很大的弹性。每张 CD 光盘都有生产成本和运输成本，所以从成本效益考虑，一张音乐光盘很少以单曲发行。现在通过数字化，音乐公司可以更简单地交付一首新歌，在定价上也更加具有弹性。

最后，能够创造新的收费模式或收入来源。还是以音乐行业为例，过去，音乐行业卖的是音乐光盘，以音乐光盘的销量来决定收入。现在，音乐产品虚化后，可以"一鱼多吃，一货多卖"，甚至同一个产品可以卖给无数人。音乐公司还可以采用会员模式，只要是付费会员，就可以免费收听。音乐网站也可以按照用户收听的次数计费，然后分利润给音乐公司。

📖 阅读材料

科技创新服务助力智能体育新消费

作为一家全球化的运动科技公司，K 公司持续推进内容精品化和运动科技化，聚焦家庭运动场景，围绕用户的"吃、穿、用、练"需求提供一站式解决方案，提供包括运动健身指导、直播课、录播课、跑步、骑行、健康饮食指导、运动装备购买等多种服务。其主要做法如下：

1. 流量赋能"线上＋线下双循环变现模式"为消费者打造体育消费新业态

K 公司聚焦家庭运动场景，以科技互联的运动生态为用户运动全周期提供一站式解决方案。线上，为用户提供上万个自研免费训练课程、社交电商、健身工具等；线下推动智能体育空间建设，独创训练方式，将线上与线下完美结合，让用户所有的运动行为都可以在线上展现并为接下来的训练起到更多的指导意义。K 公司通过线上流量赋能和线下健身场景数字化相结合，提升用户实景感，捕捉流量以增强用户黏性，积极打造"线上＋线下双循环的变现模式"。

2."软件＋智能硬件建设"打通线上互动"最后一公里"

智能硬件产品主要包括跑步机、动感单车、手环和体脂秤，用户可通过 K 公司的 App 连接智能硬件实现专属课程跟练、多项身体健康数据监控、智能制定后续运动计划等功能。通过用户运动数据，给用户推荐更智能的训练课程，并借助于智能可穿戴设备，分析用户的动作完成情况，更好地指导用户的训练，通过"软件＋智能硬件建设"打通线上互动"最后一公里"。同时，其 App 中加入社交与挑战功能，为用户增添互动乐趣，特别是在新冠疫情期间，这种运动与社交的融合有效缓解了居家隔离的枯燥与孤独。

3."5G＋直播健身"提供线上体育"现场感"样本

在 5G 应用环境下，打造全新直播健身业务，极大地满足了用户家庭健身使用课程时的真实体感和场景感。K 公司推出了智能动感单车直播课及包含操课、训练、瑜伽等多运动品类的线上直播课程，通过更灵活的课程时段、更沉浸的运动氛围以及"全员在线"的互动体验，重新定义运动交互方式，以互联网特有的科技服务为用户还原线下实景氛围，通过录播课程、直播、广告等互联网推广模式出售健身内容，用丰富的产品生态，构筑运动生活全场景。K 公司也因此在直播健身领域孵化出了大量运动健身"舆论领袖"、明星教练，间接带动社会经济发展。

资料来源：本书编写组．新型消费发展典型案例［M］．北京：中国市场出版社有限公司，2023。

6.3.3　创造全新的数字产品

1. 内涵

这种全新的产品不一定需要特定的行业基础，通常是拥有技术的团队自己找到的创新思路。一般情况下，全新的数字产品或服务是由技术型企业发展出来的，它可能将研发出来的新技术应用到现有的使用场景，从而取代其他企业现有的产品或服务，也可能创造出一个从未有过的场景，并应用新技术研发出全新的产品或服务来满足这个场景。

2. 路径

第一，将新技术应用到现有场景中。相比现有非数字化的产品或服务，这种创新带来更高的效率、更好的体验，从而取代了现有的产品或服务。如新能源智能电车强大的数字化优势及潜力，已使一些品牌从传统燃油车切换到智能电车竞争赛道。"城市大脑"则是瞄准城市治理的难点、痛点，运用大数据、云计算、物联网、人工智能等技术来提升城市现代化治理能力的新型基础设施。

第二，用新技术创造全新场景。这种创新往往来源于技术型企业对生活的深入观察，从中发现全新的场景，然后应用新技术来满足这种场景。如小米开发的"小爱同学"是一款人工智能音箱，它整合了语音辨识、互联网搜索、下载、输入指令等智能化功能，能够根据用户的语音指令上网搜索资源，如播放音乐、新闻、天气预报，控制其他家电设备，叫外卖等，成了一个称职的家庭生活助手。而且，随着整合的生活类功能越来越多，并持续迭代，它甚至会成为一个亲近的"家人"。

阅读材料

M 公司语音交互系统的成长之路

"××同学""我在"……每一天，这样看似简单的对话会在全球重复 1 亿次以上。"××同学"如今已成为许多人智能生活中不可或缺的一部分。

在这套强大的智能语音交互系统背后，有一支约 90 人的队伍，为完善语音交互技术、提升用户体验不断努力着。他们就是 M 公司人工智能实验室语音组。

2017 年 1 月，M 公司人工智能实验室语音组成立，当时整个团队只有 4 个人。4 个月后，语音组就开发出了 M 公司第一个语音识别系统，并应用于 M 公司生产的电视，实现了可以通过语音方式搜索、播放电视节目的功能。首战告捷的小小成功其实难度并不大，接下来 M 公司的音箱语音唤醒功能开发，才是第一块"硬骨头"。所谓成功唤醒，就是当用户呼叫"××同学"时，系统能准确地识别出来是在进行唤醒行为；而误唤醒，就是毫不相关的声音或是发音近似的声音也会唤醒音箱。因此，要让系统识别出哪些声音是在唤醒，哪些不是，需要一个庞大的声音数据库做基础，包括"××同学"这四个字，也需要有不同音色、不同口音、不同环境音下的多种情形做素材。

突破，并不容易。团队成员经过努力，最终把误唤醒率控制在了一天一次，进而一周四次，且仍在不断降低。

语音识别，为"××同学"装上了"耳朵"，但要能听会说，还要有"嘴巴"。于是，语音组研发推出了语音生成技术，可以将文本转化成语音，甚至还能自动谱曲、编曲、合成歌曲等。其中，超级拟人语音合成技术最大限度模拟真人说话方式，不只是语气，甚至连人类说话时的犹豫、停顿、变速、叹息等习惯也能复刻，使语音合成效果更加自然流畅。

为用户带来智能生活新体验的同时，M 公司始终关注智能设备的无障碍建设。

语音组为听障人群开发了"闻声技术"，让听障人群可以通过手机、平板电脑等智能设备"看到"其他人说话，也可以帮他们"看见"周围环境中的声音，例如警报声，敲门声等；"读屏技术"让视障人群"听到"屏幕上的内容；语音合成技术，为失去语言能力的用户发出声音；"聆听"技术为构音困难用户提供了个性化的语音识别，让他们也可以通过语音和设备交互，这项技术还被提名为"2021 年世界互联网领先科技成果"。

到 2022 年底，M 公司人工智能实验室声学语音组已将自研声学语音技术全面应用于 M 公司生产的手机、音箱、电视、耳机、手表、机器人等 79 个品类，共计 5312 款智能产品中。"××同学"月活跃用户数量为 1.15 亿户，已成为世界上最繁忙的语音助手之一。

资料来源：王天淇. 月活跃用户 1.15 亿！"小爱同学"是如何成长的？[EB/OL]. (2023 – 05 – 23) [2024 – 04 – 11]. https：//baijiahao. baidu. com/s？id = 1766738385151 969855&wfr = spider&for = pc。

6.4 数字产品的全新应用场景

6.4.1 虚拟数字人

人工智能是数字产品开发领域的一项重要技术。随着 AI 技术的不断发展，人工智能已经成为数字产品开发的重要方向之一。人工智能可以为数字产品提供更为智能的服务。目前，机器学习、人脸识别等技术已经广泛应用于数字产品的开发。产品中较为典型的就是虚拟数字人。虚拟数字人系统一般情况下由人物形象、语音生成、动画生成、音视频合成显示、交互等 5 个模块构成，如图 6 - 3 所示。虚拟数字人的应用场景包括娱乐、偶像、代言人、企业数字化转型、体育、金融等垂直领域。虚拟数字人拥有人的外观，具有特定的相貌、性别和性格等人物特征；拥有人的行为，具有用语言、面部表情和肢体动作表达的能力；拥有人的思想，具有识别外界环境、并能与人交流互动的能力。

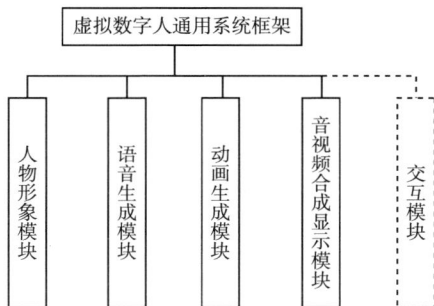

图 6 - 3 虚拟数字人通用系统框架

📖 **阅读材料**

清华大学迎来国内首个原创虚拟学生"华智冰"

2021 年 6 月 15 日，清华大学计算机系举行"华智冰"成果发布会。

作为我国首个原创虚拟学生，"华智冰"将入学清华大学计算机系，师从清华大学唐杰教授，即日起开启在清华大学的学习和研究生涯。与一般的虚拟数字人不同，"华智冰"拥有持续的学习能力，能够逐渐"长大"，不断"学习"数据中隐含的模式，包括文本、视觉、图像、视频等，就像人类能够不断地从身边经历的事情中学习行为模式一样。随着时间的推移，"华智冰"针对新场景习得的新能力将有机地融入自己的模型中，从而变得越来越聪明。

"华智冰"是由清华大学计算机系、北京智源研究院、智谱 AI 和小冰公司联合培养的。作为"悟道"超大规模 AI 模型上生态体系的重要成员，"华智冰"也是清华、智源、智谱和小冰几方技术实力的联合体现。

依托智源"悟道 2.0"、智谱 AI 数据和知识双轮驱动 AI 框架，以及小冰全球领先的 AI 对话问答完备框架，"华智冰"不仅可以作诗作曲、生成图画，还将具有一定的推理和情感交互的能力，这使她大不相同于一般的虚拟人物。

资料来源：清华大学迎来国内首个原创虚拟学生"华智冰"［EB/OL］.（2023－06－17）
［2024－04－11］. https：//www.tsinghua.edu.cn/info/1175/84993.htm。

6.4.2 人工智能大模型

人工智能大模型是具有大规模参数和计算资源的人工智能模型。它以深度学习技术为基础，通过使用大数据集进行训练，能够对现实世界中的复杂问题进行建模和求解。与传统的小模型相比，大模型具有以下特点：

（1）增强了模型的表达能力。人工智能具备更多可调节的参数，能够更准确地捕捉输入数据中的关键特征，从而提高模型的表达能力。

（2）提高了模型的预测准确率。大模型能够更好地适应训练数据，因此在推理和预测任务中，其准确率相对较高。

（3）需要大量的计算资源。大模型的规模较大，需要大量的计算资源来进行训练和推理。这要求研究和开发者在硬件设备和计算能力上有更高的投入。

人工智能大模型在语言处理、图像识别、推荐系统、医疗诊断等领域具有广泛的应用。

阅读材料

讯飞星火被评为中国"最聪明"的大模型

2023 年 8 月 15 日，讯飞星火认知大模型 V2.0 如期发布，该模型的代码能力和多模态能力得到了进一步突破。技术获得重大突破的同时，搭载讯飞星火 V2.0 核心能力的应用和产品也越来越丰富：既有辅助程序员高效工作的智能编码助手 iFlyCode1.0、能够进行视频创作的讯飞智作 2.0、能够便捷搭建轻应用的教育数字基座应用开发助手，还有帮助教师设计教学活动、一键生成课件的星火教师助手、帮助英语学习者练习口语的星火语伴 2.0，讯飞 AI 学习机也升级成为 AI 一对一智能编程助手和 AI 一对一创意绘画伙伴。此外，科大讯飞还和华为联合发布星火一体机，让每一家企业都有机会构建专属大模型。

《麻省理工科技评论》指出：中国从研发和商业化能力、外界态度以及发展趋势等维度全方位检测大模型的能力，力图评出"最聪明"的国产大模型。其选取了"讯飞星火""百度文心一言""商汤商量""阿里通义千问"作为中文大模型平台的代表，展开系统、科学的评测。

本次评测使用的测试集包含 600 道题目，覆盖了语言专项、数学专项、理科综合、文科综合、逻辑思维、编程能力、综合知识、安全性共 8 个一级大类，126 个二级分类，290 个三级标签，并针对问题的丰富性和多样性做了优化。

在题目类型上，为了兼顾定量、定性的评价与测试，设置了"单选""多选""填空""简答" 4 种题型，分别有 145 道、138 道、136 道和 181 道。大模型评测体系使用盲评方式，客观评估国产大模型的聪明程度。报告显示，在 8 个一级大类的 600 道题目的测试和盲评中，讯飞星火认知大模型 V2.0 在 6 个大类中得分率排名第一（如表 6-1 所示），在此次评测中表现突出，以 81.5 分（百分制计）的成绩在本次评测中登顶，荣获"最聪明"的国产大模型称号。

表 6-1　　　　　　　　　国产大模型测评比较　　　　　　　　单位：分

一级分类	百度	讯飞	商汤	通义	均值
语言专项	85.10	85.73	75.50	66.90	78.30
数学专项	56.00	77.75	50.00	40.30	56.00

续表

一级分类	百度	讯飞	商汤	通义	均值
理科综合	75.50	78.50	63.50	70.80	72.10
逻辑思维	75.50	81.25	62.80	71.00	72.60
编程能力	68.70	80.00	66.00	69.30	71.00
综合知识	73.30	80.61	69.40	63.10	71.60
整体水平	75.20	81.50	68.30	65.30	72.60

资料来源：中国财富网．讯飞星火被评为中国"最聪明"的大模型［EB/OL］．（2023－08－18）［2024－04－11］．https：//baijiahao. baidu. com/s?id = 1774531078783603221&wfr = spider&for = pc。

6.4.3 元宇宙

如第 5 章所述元宇宙（metaverse）是人类运用数字技术构建的，由现实世界映射或超越现实世界，可与现实世界交互的虚拟世界，是具备新型社会体系的数字生活空间。"元宇宙"本身并不是新技术，它集成了一大批现有技术，包括 5G、云计算、人工智能、虚拟现实、区块链、数字货币、物联网、人机交互等。

元宇宙本质上是对现实世界虚拟化、数字化的过程，需要对内容生产、经济系统、用户体验以及实体世界内容等进行大量改造。但元宇宙的发展是循序渐进的，是在共享的基础设施、标准及协议的支撑下，由众多工具、平台不断融合、进化而最终成形。

元宇宙基于扩展现实技术提供沉浸式体验，基于数字孪生技术生成现实世界的镜像，基于区块链技术搭建经济体系，将虚拟世界与现实世界在经济系统、社交系统、身份系统上密切融合，并且允许每个用户进行内容生产和编辑。

元宇宙在消费、娱乐、文旅、教育、产业、健康、办公、居住等领域具有广泛的应用。

📖 **阅读材料**

中国移动打造首个世界杯"元宇宙"

2022年11月，作为卡塔尔世界杯持权转播商，中国移动创新推出宏大奇妙的世界杯元宇宙比特景观，打造5G时代首个世界杯元宇宙，并实现多个"首次"：国内首创批量数智人参与全球顶级赛事转播和内容生产；首创我国自主知识产权音视频标准商业化播出；首创5G＋低延时转播方案；首创基于3D渲染引擎的裸眼3D视频彩铃；首创多屏多视角"车里看球"智能座舱（覆盖2022年80％以上新能源车企）；首创基于5G＋算力网络＋云引擎的比特转播，并实现跨手机/平板/VR/AR/大屏等多终端的全新体验；首创元宇宙比特空间"星际广场""星座·M"；推出全球首个5G＋算力网络元宇宙比特音乐盛典；首创单一比特空间实时渲染全交互、全互动用户破万，5G＋算力网络分布式实时渲染并发破十万次，5G＋算力网络云游戏全场景月活破亿人。世界杯期间，登录中国移动咪咕全系产品，领取专属比特数智人身份的首批"元住民"超180万人，元宇宙互动体验用户超5700万人。

资料来源：根据多篇元宇宙相关资料整合。

本章小结

数字技术推动产品和服务不断数字化，数字和数字化产品可以更好地理解用户需求，提供智能、个性化的服务，为用户提供无缝体验。数字产品和数字化产品内涵不同，但又关系紧密。数字化产品不一定是数字产品，但数字产品一定是数字化产品。按照技术融入的创新程度与复杂度以及创造的价值两个维度，数字产品创新有三大路径：现有产品中加入数字元素、现有产品的全面数字化、创造全新的数字产品。数字产品拥有广泛的应用新场景，包括虚拟数字人、人工智能大模型、元宇宙。

思考与练习

1. 请举例说出你熟悉的数字产品和数字化产品。
2. 分析数字产品有哪些经济学特征。
3. 分析有哪些因素驱动企业进行数字产品创新。
4. 分析数字产品创新对企业的影响。
5. 未来数字产品创新会有怎样的趋势？
6. 你能举出数字产品新场景应用的其他例子吗？

延伸阅读

［1］蒋小花．数字产品运营与推广［M］．杭州：浙江大学出版社，2019．

［2］蒋小花．数字产品运营管理［M］．北京：电子工业出版社，2022．

［3］杨秀丹．数字产品设计理论与实践［M］．北京：人民邮电出版社，2023．

第7章 数字平台与创新

- 掌握数字平台的主要类型和内涵
- 掌握数字平台的构成要素和关键属性
- 理解数字平台如何影响参与者创新
- 了解构建基于数字平台的战略

引 例

工业互联网平台

2016 年初，H 集团在智能制造和平台建设的基础上，开发了一个具有自主知识产权的国际工业互联网平台，于 2017 年正式亮相。该平台的愿景是创建全球引领的物联网生态品牌，实现各方价值最大化。H 集团的"互联网＋协同模式"，让用户可以高精度地参与研发、采购、制造、物流、服务等各节点，实现与用户的价值共创。2019 年该平台入选工信部"十大跨行业跨领域工业互联网平台"名单。

该平台业务架构主要为四层，自上往下依次为：资源层、平台层、应用层和业务模式层。平台由以下模块组成：用户交互定制平台（众创汇）、精准营销平台、开放设计平台、模块化采购平台、智能生产平台、智慧物流平台。该平台覆盖各行业进行多场景的建设，针对其实际业务痛点提供数字化产品。下面分行业详细阐述。

家电行业：提供生产线自动化方案，采用高速、高精度注塑机器人/注塑机械手，视觉检测系统、智能识别、无序抓取等先进技术；商用洗涤设备大数据运营决策中心，通过集成工厂已有的信息化系统以及进行必要的数据采集，形成大数据运营中心；自动化高压系统，减少人工操作频次。

电子行业：H 集团的智能制造执行系统面向电子行业制造企业的生产信息化管理系统，实现对生产设备、物料、生产过程、产品质量的全流程管控；H 集团的数字审核协同平台，为企业提供高效便捷、切实可行的线上审核服务通道。

化工行业：智慧化工综合管理平台提升化工行业的数据集成、数据分析、综合业务、监控管理和便捷服务能力；H 集团的智慧化工园区管理平台匹配园区管理、环保、能源、应急、经济服务等多个场景。

制造行业：H 集团的智造管理平台管理中小企业在制品，1 分钟上手操作，10 分钟就能感受到数字化带来的效果。

纺织服装：H 集团的服装云智造系统解决中小型服装企业在订单管理、生产追踪、工资核算等方面的痛点问题；海织云纺纱智慧物联解决方案，对生产过程的"人、机、料、法、环"管理要素，进行实时或间断性跟踪。

装备行业：H 集团的设备制造企业售后远程运维解决方案，整合分析分散在世界各地的工业设备，为客户提供"问题早发现、故障早干预、事故早预防、问题精准定位、备件精准预测、智能远程运维"的服务。

公共设施：H 集团的智慧零碳校园平台以智慧计量为基础，掌控校园能耗的整体模型，通过管理节能与技术节能，搭建绿色低碳校园碳资产及能效管理平台。

公共应急：H 集团的政府应急物资管理云平台，针对性解决政府应急物资储备分散，库点布局、保障能力等自成体系，缺乏统筹管理和信息化支撑手段等问题。

案例来源：丁玎. 海尔 COSMOPlat 工业互联网平台价值共创机制案例研究 [J]. 现代营销（下旬刊），2024（1）：1－3。

7.1 数字平台的兴起

随着大数据、云计算和移动互联网技术的迅猛发展，数字平台模式正日益渗透到商贸流通、金融服务乃至产业链上游的制造领域，展现出强大的拓展和包络能力。数字平台的崛起不仅在实践中引发广泛关注，成为管理实践者热议的焦点，同时也在理论上引起了深入研究。牛津英语词典中"platform"（平台）一词最早出现在16世纪，主要内涵是"支撑个体和事物活动的凸出平面，通常采用比较松散的结构以满足各种不同的运营活动"。此后，经济学和管理学等多个学科均围绕平台开展了不少研究。

基于当前的理论研究和产业实践发展，数字平台主要聚焦于两类典型形态：多边市场平台（multi-sided platform，MSP）和产业平台（industry platform）。多边市场平台以交易为核心，通过连接不同市场的参与者，促进交易的达成和价值的创造；而产业平台则更注重于产业链的创新与协同，通过整合产业链上下游资源，推动产业的转型升级和整体竞争力的提升。这两类平台在数字经济时代发挥着越来越重要的作用，不仅重塑商业生态，也为企业创造新的价值增长点。随着技术的不断进步和市场的日益成熟，数字平台将继续在商贸流通、金融服务、制造等领域发挥更大的作用，推动整个产业生态系统的持续优化和发展。

7.1.1 数字平台的类型与内涵

1. 多边市场平台

自2000年以来，产业经济学流派的研究者开始发展平台理论。研究者们提出了"双边市场""多边市场""多边平台"的概念，将平台视为一种特殊类型的市场，推动那些难以相互交易或者交易效率低下的双边或者多边主体实现交易。多边市场平台的核心功能是推动交易，因此多边市场平台也被称为交易型平台。常见的交易型平台例子及其核心参与主体情况，如表7-1所示。

表 7 - 1   交易型平台案例

行业	交易型平台	核心参与者
电子商务	淘宝、京东、亚马逊	卖家、买家
交通出行	滴滴、优步（uber）	司机、乘客
外卖	美团、饿了么	商家、消费者
视频网站	爱奇艺、哔哩哔哩、YouTube	视频制作者、视频观看者

交易型平台的运营模式展现了中间交易商的核心角色，通过促进不同经济活动群体间的相互作用，实现了市场的有效连接和交易的便捷进行。

电子商务平台就是典型的交易型平台。首先，平台吸引大量的卖家群体，这些卖家来自各行各业，提供丰富多样的产品。平台为卖家提供开设虚拟店铺、产品展示、交易结算等一系列服务，使得卖家能够轻松地将产品推向市场。通过平台，卖家可以突破地域限制，扩大销售范围，提高销售效率。同时，平台也吸引了庞大的买家群体。平台为买家提供便捷的搜索、浏览和购买功能，使得买家能够轻松地找到所需商品，并进行比较和选择。平台还通过引入用户评价、信誉体系等机制，增强交易的透明度和可信度，为买家提供更加安全、可靠的购物环境。

在双边群体的交易过程中，有些平台本身并不提供实质性产品，而是作为一个虚拟的交易场所，为买卖双方提供交易撮合、规则制定、争议解决等服务。平台通过制定严格的交易规则、保障交易安全、维护市场秩序等措施，为双边交易提供有力的保障。

随着平台的发展，其边界也在不断扩展。除原始的卖家和买家双边市场外，更多不同角色的活动群体加入进来，共同形成复杂的多边交易市场。例如，一些独立服务供应商如专业摄影团队、上门安装团队等开始在平台上涌现，他们为卖家提供产品拍摄、安装等服务，进一步丰富了平台的服务内容，提升了交易的便利性和用户体验。

2. 产业平台

相较于多边市场平台以推动交易为价值创造的核心，产业平台的核心功能则是推动第三方创新的实现。基于技术管理流派的研究观点，产业平台被认为是一个由可延伸的代码库组成的软件系统，为外部企业提供了一个建构基块，致力于促进外部企业的产品或服务的开发和创新。具体来看，产业平台不仅可以帮助这些公司开发系列产品或服务，还能为其提供可供重新组合利用的公共资产，以发起更迅速、更系统的产品创新或服务创新，因此产业平台也被认为是创新型平台。一些常见的产业平台例子及其核心参与主体情况，如表7-2所示。

表7-2 产业平台案例

行业	产业平台	核心参与者
移动操作系统	iOS、Android、HarmonyOS	平台参与者、移动端用户
云计算	阿里云、亚马逊云	PaaS方案开发商、企业用户
游戏	Xbox、PlayStation	游戏开发商、游戏玩家

智能手机的移动操作系统就是典型的产业平台，移动操作系统通过其独特的平台架构和运营策略，成功地吸引了大量的平台参与者，共同创造了丰富的应用程序生态，进而实现了价值的创造和获取。

首先，移动操作系统平台架构被分解为稳定的核心组件和可变的外围组件。核心组件包括平台内容、服务、网络和设备等，这些组件的稳定性和可靠性为整个平台的运行提供坚实的基础。而外围组件则以应用程序模块为主，这些模块可以根据市场需求和用户偏好进行灵活调整和创新。

其次，移动操作系统的开发公司通过提供软件开发工具包，降低开发人员的信息处理任务，使他们能够更专注于创新性的产品设计。这种分工合作的方式充分发挥开发人员的专业化创新潜力，同时也减轻平台提供者的运营负担。

在产业平台情境下，平台上的各类产品和服务是由平台提供者和外围自治公司共同合作形成的。平台提供者负责基础模块的运营与管理任务，确保平台的稳定性和安全性。而外围自治公司则负责更具创新性的产品设计任务，通过开发多样化的应用程序来满足用户需求。

最后，移动操作系统通过接入移动端用户（手机、电脑持有者），将第三方应用程序提供给这些用户，实现价值的创造和获取。用户通过使用这些应用程序，获得更好的使用体验和价值。而平台提供者和平台参与者则通过销售应用程序、广告收入等方式获取经济回报。

3. 平台类型比较

尽管多边市场平台与产业平台之间存在无法替代的独立构造，但也存在相互重叠的部分，图 7 - 1 的生态结构图描绘了两种平台的范围。其中，纯粹的多边市场平台，如淘宝、拼多多、美团等，能够推动双边/多边的连接和交易，但平台并未促成参与者的产品或服务创新。另一方面，纯粹的产业平台，如阿里云平台、汽车开放系统架构（AUTOSAR）、Xbox 游戏开发平台等，它们能使外部第三方基于平台功能实现产品开发与创新，但不能实现与用户的直接交易。此外，还有一些平台集合了多边市场平台和产业平台二者的特征，如 iOS 操作系统不但能支持各类应用程序的开发，还能通过进一步搭载应用商店，连接开发者与用户，实现应用程序的线上交易。

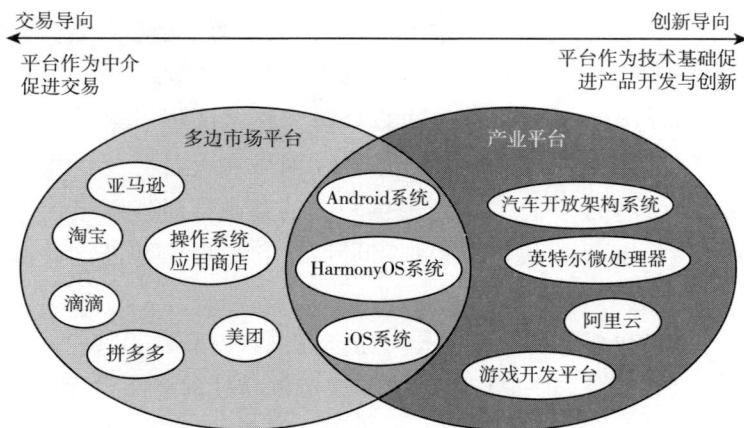

图 7 - 1　多边市场平台和产业平台区分

资料来源：Jacobides M G, Cennamo C, Gawer A. Towards a theory of ecosystems [J]. Strategic Management Journal, 2018, 39（8）：2255 - 2276；Gawer A. Bridging differing perspectives on technological platforms：toward an integrative framework [J]. Research Policy, 2014a, 43（7）：1239 - 1249。

　　总的来说，源于经济学研究流派的多边市场平台主要发挥着市场中介的作用，核心功能是促成多边交易；而源于技术管理流派的产业平台主要发挥的是基础技术提供商的作用，核心功能是促成产品开发与创新。然而，二者之间在基础的价值创造与平台治理逻辑方面，存在诸多共性，譬如价值创造的方式都可归因于平台内的网络效应与范围经济，以及模块化架构带来的重组、分布式创新便利；再如，平台的治理方式无一不围绕着决策权分配、控制权设计、定价策略制定展开（见表 7 - 3）。

表7-3　　　　　　　　　　　　　　平台特征对比

异同点		多边市场平台	产业平台
不同点	研究流派	经济学、战略管理	技术管理、工程设计学
	平台地位	中介	基础技术
	平台功能	交易	创新
相同点	价值创造方式	网络效应、范围经济、模块化架构	
	平台治理方式	决策权分配、控制权设计、定价策略制定	

7.1.2　数字平台的关键构成与属性

数字平台及其参与者构成的生态系统，正在对经济社会产生着深远且广泛的影响。平台模式产生的巨大价值，不仅依赖于其坚实的技术基础，更离不开系统内各参与者的紧密互动与协作。网络效应，作为数字平台的核心特征，对其成长和发展起到了至关重要的作用。

1. 数字平台的技术要素

从技术视角审视，数字平台实质上是一个基于软件的可扩展系统，它提供了交互接口，使得各类"应用程序"能够共享其核心功能。这些应用程序，本质上是附加到平台上的软件子系统或服务，它们以不同形式扩展平台的功能性，丰富用户的体验。尽管这些互补子系统在业界有着多种称谓，如附加组件、插件、模块和附件等，但在本书中，我们统一将其称为"应用程序"，而将开发这些应用程序的个体或团队称为"平台参与者"。

平台参与者通过与平台的一系列接口进行沟通和互动，实现与平台的无缝对接。这些接口不仅为开发者提供访问平台核心功能的途径，还为他们构建新的产品或服务提供可能。通过这种方式，开发者能够依托平台的强大能力，快速开发出符合市场需求的应用程序，进一步丰富平台的生态。

平台生态系统则是一个更为广泛的概念，包括数字平台本身以及与之交互的所有平台参与者。生态系统内的各个成员通过共享资源、技术和市场渠道，实现互利共赢。当平台拥有大量开发者为其提供应用程序时，平台能够提供的功能越多，则平台越能够吸引用户的参与。比如说，当智能手机应用程序更加丰富，智能手机才更具吸引力；当出版商制作更多电子书时，电子书阅读器价值才能突显；当游戏开发平台提供的游戏类型越广泛，才会有越多的用户选择购买该游戏装置。因此，我们认为，平台提供者应当承担起领导平台生态系统的重要责任，成为平台生态系统的基石或者经济催化剂。

图 7 - 2 是平台生态系统技术要素示意图，表 7 - 4 总结了平台生态系统的技术要素。

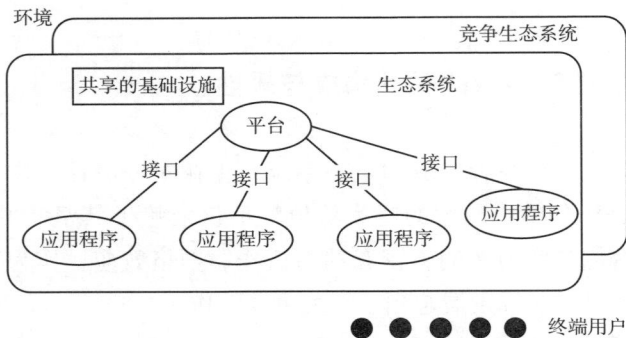

图 7 - 2　数字平台生态系统的技术要素

资料来源：Tiwana A. Platform Ecosystems：Aligning Architecture, Governance, and Strategy ［M］. San Francisco, USA, Morgan Kaufmann Publishers Inc, 2013。

表 7 - 4　　　　　　　　　数字平台生态系统的技术要素

要素	定义	举例
平台	一个基于软件的系统，通过交互的应用程序及其操作接口来共享核心功能	iOS、淘宝、阿里云
应用程序	连接到平台以增加功能的附加软件子系统或服务，也可以被称作模块、扩展、插件或附加程序	众多应用程序及扩展
生态系统	平台及其具体应用程序的集合	
接口	描述平台和应用程序如何交互和交换信息的规格参数	API/协议
架构	用于描述生态系统是如何划分为相对稳定的平台和互补的、不断改进更新的应用程序的一幅概念蓝图，并且其设计规则对两者都有约束力	

资料来源：Tiwana A. Platform Ecosystems：Aligning Architecture, Governance, and Strategy ［M］. San Francisco, USA, Morgan Kaufmann Publishers Inc, 2013。

2. 数字平台的构成主体

数字平台包含三组关键构成主体，即平台提供者、平台参与者和终端用户，每组构成主体有其独特需求和参与动机。

对于数字平台提供者而言，通过实施大规模分布式创新策略，平台提供者能够超越传统的产品或服务供应链模式，有效转移与平台周围创新相关的成本和风险。这种策略允许平台提供者专注于其核心工作，将非核心任务外包给生态系统中的合作伙伴。这不仅提升平台的运营效率，还通过激励措施将平台参与者的利益与平台利益紧密绑定，从而激发整个生态系统的创新活力。

对于平台参与者来说，数字平台提供了一个低门槛的创新创业起点。通过接入平台，平台参与者能够降低产品开发成本，并利用平台提供的资源和工具，快速推出具有市场竞争力的应用程序。此外，平台还为平台参与者提供触达潜在客户的便捷途径，有助于扩大市场份额并提升品牌影响力。

对于终端用户而言，平台提供了丰富多样的产品或服务选择，满足用户个性化、多样化的需求。用户可以通过平台匹配到最适合自己的产品或服务，实现定制化的服务体验。同时，作为平台竞争的主要受益者，用户在平台和平台参与者的互动过程中，享受到了更加优质的服务和更高效的解决方案。这种互动还进一步增强同边网络效应，促进平台参与者的创新步伐，为用户带来更多选择和更好的体验。

3. 网络效应

网络效应（network effects）是数字平台至关重要的核心属性，它深刻地影响着平台用户的价值创造。这种效应，经济学家称之为网络外部性，指的是平台用户的数量与每个用户所能创造的价值之间的密切关系。

积极的网络效应是数字平台所追求的理想状态。在一个拥有庞大且管理完善的用户群体的平台上，每个用户都能享受到由其他用户存在所带来的额外价值。这种价值的增加随着用户数量的增长呈现出正向的增强效应。例如，在社交平台上，更多的用户意味着更广泛的社交网络和更丰富的信息交流，从而提升每个用户的社交体验和信息获取效率。然而，消极的网络效应也是数字平台必须警惕和避免的。当平台管理不善，用户群体的质量和互动方式出现问题时，用户数量的增加反而可能导致每个用户所创造的价值下降。例如，如果平台上的信息质量低下、虚假信息泛滥，或者用户之间存在恶意攻击和冲突，那么用户的体验将受到严重影响，甚至可能导致用户流失。

网络效应在数字平台中展现出同边和跨边的属性差异，这两种效应共同影响着平台的用户增长和价值创造。同边网络效应主要体现在市场同一侧的用户之间。当某一类用户的数量增加时，他们会相互影响，从而增强整个群体的价值。以游戏平台为例，随着使用人数的增多，每个玩家能够遇到的同伴玩家也会相应增加，这不仅提升游戏的社交性，也使得玩家更容易找到合适的队友或对手，从而增加游戏的乐趣和吸引力。这种同边网络效应有助于平台在特定用户群体中形成稳定的用户基础，并促进用户之间的积极互动。

相比之下，跨边网络效应则涉及市场中不同侧的用户之间的相互影响。在一个双边市场中，一边用户的数量或行为变化会直接影响另一边用户的价值和体验。以打车平台为例，乘客数量的增加意味着司机在相同工作时间内能够接到更多的订单，从而缩短空载时间、提高收入。这种正向的跨边网络效应会吸引更多的司机加入平台，进一步提高乘客的选择范围和服务质量，形成良性循环。跨边网络效应在数字平台中尤为常见，尤其是在双边或多边市场中。这些平台通过连接不同类型的用户，实现价值的创造和转移。当一边用户的数量或行为发生变化时，另一边用户也会受到相应的影响，从而产生网络效应。这种效应有助于平台实现用户规模的快速扩张和价值的持续增长。

7.1.3　数字平台兴起的驱动因素

随着技术的日新月异，数字平台模式正逐渐成为传统企业转型的重要路径，同时也推动各行业从传统的产品和服务竞争向基于平台的竞争模式转变。这种转变的背后，有五个关键的驱动因素在起作用（驱动因素如表 7 – 5 所示）：（1）深度专业化；（2）信息分包；（3）软件嵌入；（4）物联网；（5）无所不在的网络。在这些驱动因素的共同作用下，平台正成为新经济活动的引擎。

表 7-5　　　　　　　　　　　　五种驱动因素对平台模式的影响

驱动因素	描述	影响
深度专业化	由于产品日益复杂，对专业知识的需求增加	• 同时缩小和扩大公司边界 • 时间压缩引起"红皇后效应"* • 增加公司之间的相互依存
信息分包	一个活动、过程、产品或服务的数字化	• 增强远距离工作的能力 • 分工深化
软件嵌入	针对日常的商务活动进行软件的开发	• 产品服务转型 • 改变物理边界 • 邻近产业收敛
物联网	低成本获得直接使用互联网、物联网协议的能力	• 网络数据流水化 • 环境感知
无所不在的网络	低成本和快速的无线互联网数据，网络越来越无所不在	• 改变参与地点 • 改变服务方式 • 所有权规模缩小

注＊："红皇后效应"这一概念源自《爱丽丝镜中历险记》，其核心思想是，在不断变化和竞争的环境中，即使付出了极大的努力，个体或物种之间的相对位置可能仍然保持不变。

资料来源：Tiwana A. Platform Ecosystems：Aligning Architecture，Governance，and Strategy［M］. San Francisco，USA，Morgan Kaufmann Publishers Inc，2013。

1. 驱动因素一：深度专业化

随着产品和服务日益复杂化，交付所需的知识不再局限于单一企业，而是广泛分散于多个公司和市场中。这种知识分布的碎片化使得任何一家企业都难以独自承担全部创新任务。因此，企业开始更加专注于自身的专业化领域，力图在特定领域内形成核心竞争力，而将其他非核心业务交给专业的合作伙伴来完成。这一趋势推动企业间合作关系的深化，形成了复杂而紧密的供应链网络。

然而，传统的供应链合作模式往往受到位置依赖和协调成本的制约。位置依赖意味着某些业务环节必须在特定的地理位置进行，而协调成本则源于不同企业间的沟通、协调和合作难度。这些约束成本限制企业进一步分解和外包业务的能力。

但幸运的是，分包、软件嵌入、物联网的涌现以及互联网的普及为企业提供了新的解决方案。分包使得企业可以将业务环节更加精细地划分,并交给最适合的合作伙伴来完成;软件嵌入则使得业务流程更加自动化和智能化,降低人工干预的需求;物联网技术则实现了设备间的互联互通,提高数据的收集和处理能力;而互联网的普及则为企业间的信息共享和沟通提供了便捷的平台。以平台为中心的方法将这些技术趋势整合在一起,形成一个强大的知识汇聚机制。平台通过连接多个企业,将各自的专业知识库汇聚在一起,形成比孤立状态下更有价值的知识网络。这种知识汇聚不仅提高企业的创新能力,还促进整个生态系统的协同发展。

综上,深度专业化带来的主要影响有三方面:首先,它同时缩小和扩大公司的边界。专业化使得企业能够更加聚焦于核心业务,从而缩小公司的经营范围;但同时,通过与外部合作伙伴的紧密合作,企业的实际影响力又得到了扩大。其次,"红皇后效应"也开始显现。在竞争激烈的市场环境中,企业必须不断进化以适应变化,否则就会被淘汰。最后,随着专业化的深入,分布式专业知识整合的需求也在增加。企业需要更好地整合和利用来自不同合作伙伴的专业知识,以形成整体竞争优势。

2. 驱动因素二:信息分包

信息分包作为一种将非数字化活动、过程、产品或服务转化为数字形式的过程,正在深刻改变着现代商业的运作方式。这一创新性的技术趋势不仅将传统业务流程带入数字时代,更在多个层面引发深远的影响。

首先,信息分包打破了位置依赖的限制。在数字化之前,许多业务活动受到地理位置的制约,企业必须在特定的地点进行生产、交易和管理。然而,随着信息分包技术的发展,这些活动可以被转化为数据"包",并以光速进行长距离传输。这意味着企业不再受到物理空间的限制,可以更加灵活地配置资源和组织生产。例如,一家位于上海的设计公司可以实时为位于纽约的客户提供服务,而无须担心地理位置带来的障碍。这种地理上的解放为企业提供了更广阔的市场和更多的合作机会,推动全球化经济的发展。

其次,信息分包加深了专业化分工。在传统经济模式下,企业往往需要承担从研发、生产到销售等多个环节的工作,这使得企业难以在某一领域形成核心竞争力。然而,随着信息分包的普及,企业可以将非核心业务进行外包,专注于自身擅长的领域。这种分工方式使得企业能够更加专注于自身的核心竞争力，提高生产效率和质量。同时，它也促进了不同企业之间的合作与协同，形成了更加紧密和高效的供应链网络。这种专业化的分工模式不仅提高了企业的经济效益，也推动了整个行业的创新和发展。

3. 驱动因素三：软件嵌入

软件嵌入就是将日常业务流程或活动转化为软件应用的过程，它已成为企业运营中不可或缺的一部分。随着网络技术的快速发展，越来越多的组织开始采用网络软件应用程序来处理常规业务流程和日常活动。这种趋势不仅提高了企业的运营效率，还带来了一系列深远的影响。

首先，软件嵌入有助于将产品转化为服务。传统的产品导向型企业往往关注于生产和销售具体的物质产品，而在软件嵌入的推动下，企业开始将更多的注意力转向提供服务。通过软件应用程序，企业可以实时收集用户数据，了解用户需求，从而提供更加个性化、精准的服务。这种转型不仅提高了用户的满意度和忠诚度，还为企业创造了新的增长点。

其次，软件嵌入改变了数字和实体边界。在传统企业中，数字和实体往往是相互独立的两个领域。然而，随着软件嵌入的普及，这两个领域开始相互融合。数字世界的数据和实体世界的业务活动可以无缝对接，实现信息的实时共享和处理。这种融合打破了传统企业运营中的壁垒，使得企业能够更加灵活地应对市场变化，提高运营效率。

最后，软件嵌入还促进了产业融合。在数字化时代，不同产业之间的界限变得越来越模糊。软件嵌入使得不同产业之间的业务流程可以相互连接和整合，形成全新的产业生态。例如，互联网金融、智能制造等新兴产业的崛起，就是软件嵌入推动产业融合的典型案例。这种融合不仅为企业带来更多的商业机会，也促进了整个社会的经济发展。

4. 驱动因素四：物联网

物联网的兴起，将原本无法相互通信的日常物品，如心脏起搏器、鞋子、轮胎、咖啡机等，通过植入传感器并连接至互联网，推动它们实现直接通信。这一技术革新不仅改变了我们与周围世界的交互方式，还在很大程度上重塑了数据生成与处理的模式，以及我们对于环境感知的方式。

首先，物联网的广泛应用导致大量的网络化物品数据流生成。每一件物联网设备都在不断地收集、传输和处理数据，从心脏起搏器的生理数据到咖啡机的使用频率，从轮胎的磨损情况到温控器的室内温度调节记录。这些数据的汇聚形成一个庞大的、不断增长的数据库，为我们提供关于物品使用、维护、性能以及用户行为等方面的深刻洞察。这种数据流的生成不仅为企业提供宝贵的商业智能，也为科研和决策制定提供丰富的数据源。

其次，物联网的兴起也带来了关联感知的增加。通过物联网技术，我们可以实时感知和监测各种物品的状态和行为，并将这些信息与其他相关数据进行关联分析。例如，通过收集轮胎的磨损数据和车辆的行驶数据，我们可以预测轮胎的更换周期，从而提前进行维护和更换，避免潜在的安全隐患。这种关联感知不仅提高了我们对于物品和环境的认知能力，也为我们提供了更加精准和个性化的服务。

5. 驱动因素五：无所不在的网络

互联网的普及和成本的降低，以及基于互联网协议构建的无线数据网络速度的提升，无疑是推动平台兴起的第五驱动力。这些技术的发展为小公司提供了与大公司相竞争的机会，使得松散耦合网络能够展现出与大公司相似的效率。

首先，互联网的普及和成本的降低极大地拓宽企业的运营范围和市场机会。在过去，小公司可能受限于地域和资金，难以与大公司进行全面竞争。然而，随着互联网的普及，尤其是接入成本的逐年下降，小公司能够以较低的成本快速进入市场，获取更广泛的客户群。

其次，基于互联网协议构建的无线数据网络速度的提升，为小公司提供了与大公司在数据处理和传输速度上的竞争基础。在过去，数据处理和传输可能受限于网络速度，导致小公司在响应速度和运营效率上落后于大公司。然而，随着无线数据网络速度的提升，小公司能够实时处理大量数据，提高运营效率，从而与大公司在速度上保持同步。

此外，无所不在的网络使得小公司能够形成松散耦合网络，通过协作和共享资源来提高整体竞争力。这种网络结构使得小公司能够灵活地调整策略，快速响应市场变化，同时降低运营成本。相比之下，大公司可能由于庞大的组织结构和决策流程而难以快速适应市场变化。

📖 **阅读材料**

某人工智能平台的崛起

A平台是某网络公司2017年发布的人工智能开放创新平台，旨在提供一个开放、完整、安全的软件平台，帮助企业结合车辆和硬件系统，快速搭建一套属于自己的自动驾驶系统。根据该平台显示，目前合作的机构包括汽车企业、软硬件提供商、政府、大学、汽车协会等，覆盖了汽车行业完整产业链，成为我国最具影响力的智能驾驶开放创新平台。其创新优势包括：（1）品牌、人才、资源循环促进；（2）平台兼容性及落地化措施完善；（3）开源平台界面简洁操作便捷；（4）产品可观察等。

经过六年的发展，A平台的自动驾驶开放平台已发展至9.0版本，总计完成了13个版本迭代。截至目前，该平台累计获得智能驾驶专利数4800余件、开源代码量总体75万行，在全球170个国家拥有超160000名的开发者和超220个的合作伙伴，成长为全球最活跃的自动驾驶开放平台。

该平台赋能的生态圈提供的自动驾驶解决方案测试总里程已超过1000万公里，自动驾驶创新技术在乘用车、公交车、仓储配送、干线物流、矿山工业作业等细分场景实现具体化应用。

案例来源：李英姿，张丙雪，杨明萱. 开源创新多重网络构建与分析——以百度Apollo为例［J］. 科研管理，2024，45（2）：93-104。

7.2 数字平台的创新赋能

在数字化浪潮席卷全球的今天，数字平台正以其独特的创新力量，不断为各行各业赋能，引领着产业结构的深刻变革。然而，当我们谈及数字平台的创新赋能时，产业平台无疑成为关注的焦点。这并非偶然，因为产业平台与交易型平台在本质上存在着显著的差异。交易型平台的核心使命在于推动交易的顺畅进行，通过优化交易流程、降低交易成本，为买卖双方创造更多的价值。而产业平台则在此基础上，进一步延伸了数字平台的功能边界，不仅关注交易的达成，更致力于通过数字技术和资源的开放，推动整个产业链的升级与优化。因此，在接下来的讨论中，我们将聚焦产业平台如何通过赋能平台参与者创新，以推动产业的转型升级。此处平台参与者指的是基于平台开发互补性产品或服务的外部企业，也即外部参与者。具体而言，我们将从资源输入、架构优化和创新协调三个方面入手，深入剖析产业平台创新赋能方面的具体实践，以期为行业的未来发展提供有益的启示和借鉴。

7.2.1 资源输入赋能创新

1. 平台边界资源的内涵

数字平台作为一种重要的数字基础设施，能够推动大量的异质性外部参与者实现产品开发和创新。原因在于，数字平台的创新资源和能力通过标准化的接口方式开放，转移给广大的外部参与者，从而促进外部参与者开发更多创新应用，这种资源也被称为"平台边界资源"（platform boundary resource）。平台边界资源包括具有核心功能的应用程序编程接口（application programming interface，API）、开发环境、知识资源、技术支持、营销材料和应用程序分发渠道等。平台边界资源设计指的是平台提供者开发新的平台边界资源，或者改进已有的边界资源，以响应外部参与者的创新需求以及控制外部参与者的创新行为。

作为具体化的工具和规则，平台边界资源在管理外部参与者的行为和创新产出等方面必不可少。针对外部参与者多样化的创新需求，平台提供者可以通过设计多样化的平台边界资源进行响应。此外，平台提供者可以通过开发新的平台边界资源，为参与者提供更多获取平台模块信息的机会。与此同时，平台边界资源也被用于解决控制问题，比如控制外部参与者开发或者意图开发可能对平台产生威胁的应用程序。平台提供者也可以通过修缮和收缩平台边界资源，加强对参与者创新行为和方向的控制，保持平台的生成性和稳定性。

2. 平台边界资源的分类

平台边界资源主要包含四类：技术资源、知识资源、商业资源和社会化资源。

技术资源作为平台边界资源的重要组成部分，为外部参与者提供了强大的技术支持和开发工具。软件开发工具包（software development kit，SDKs）和 API 作为技术资源的核心，使得外部参与者能够方便地接入平台，实现与平台的无缝对接。这些技术资源有助于提高开发效率，降低开发成本，为外部参与者创造更多的商业机会。

知识资源则是平台边界资源中的另一重要组成部分。平台通过提供技术文档、信息门户、培训材料等资源，帮助外部参与者克服知识边界，实现有效的第三方应用程序开发。这些知识资源有助于提高外部参与者的技术水平，增强他们对平台的信任度和忠诚度，进一步促进生态系统的稳定和发展。

商业资源在平台边界资源中同样占据着重要地位。平台通过提供应用商店等分销渠道，帮助外部参与者更好地解决或渗透不同市场。同时，平台还通过提供标准化的营销工具和材料，或为营销活动提供资金支持，帮助外部参与者拓展业务，获得新的收入来源。这些商业资源为外部参与者提供更多的商业机会和发展空间，进一步推动整个生态系统的繁荣。

社会化资源作为平台边界资源的另一重要组成部分，为外部参与者提供声誉和信任度的支持。平台通过严格审查和策划的应用商店，以及为外部参与者颁发的证书等方式，传递出积极的信号，表明这些参与者所开发的产品或服务具有一定的质量和可靠性。这有助于增强外部参与者在市场中的竞争力，吸引更多的用户和客户。

3. 平台边界资源对参与者创新的促进作用

平台边界资源对参与者创新的促进程度存在差异，这主要受多个因素的影响。

首先，不同平台提供者所提供的资源类型千差万别。这意味着平台参与者需要明确自己的创新需求，并仔细筛选和匹配与之相适应的生态资源。技术资源可能对于需要技术突破的创新至关重要，而商业资源则更有助于市场推广和商业模式的创新。因此，参与者需要充分了解各种资源的特性和用途，以便作出明智的选择。

其次，平台提供者通常会对不同的参与者设置不同级别的资源访问权限。这种差异化访问权限的设置是基于多种因素考虑的，如参与者的信誉、历史表现、合作意愿等。因此，即使所有参与者都能获取到部分开放的免费资源，他们在获取高级或专有资源方面的机会是不均等的。这也使得资源的使用和创新效果因参与者而异。

此外，即使平台参与者获得的生态资源是相同的，他们利用这些资源的程度也可能有所不同。这主要是因为每个参与者自身的资源和能力存在差异。不同的参与者可能拥有不同的行业知识、技术专长和市场洞察力，这些因素会影响他们如何组合和整合平台资源，以及如何利用这些资源进行创新。因此，即使处于同一生态系统中的参与者，他们在利用平台资源方面的表现也会有所不同。

7.2.2　架构优化赋能创新

分层模块架构是数字平台推动创新的一种重要方式。这种架构将复杂系统划分为不同层次的模块，使得每个模块可以在保持相对独立性的同时，与其他模块进行协同工作。这种灵活性使得创新可以在各个层次上独立进行，同时又能够确保整个系统的稳定性和一致性。

1. 架构模块性

数字平台通过模块性架构，为外部参与者提供一个独特的创新环境，使得这些企业能够实现差异化创新。模块性作为复杂系统创新的基础，不仅体现在系统的组件设计上，更在于这些组件如何被分离、如何重新组合以及它们之间的交互方式是怎样的。

在数字平台中，模块性具有多重维度的体现。从工艺层面来看，模块性允许外部参与者通过简单的模块化操作，如拖拉拽式的方式，快速组合和定制不同的组件，从而开发出具有创新性的产品。这种灵活性有助于降低创新门槛，提高创新的效率。

此外，模块性也在信息知识层面发挥着重要作用。数字平台作为一个开放的系统，汇集了大量的信息和知识资源。这些资源通过模块化的方式进行配置和整合，使得外部参与者能够方便地获取所需的知识和信息，从而加速创新过程。

基于模块性架构设计，数字平台能够满足大量异质性参与者的创新需求。不同的参与者可以根据自己的需求和资源，选择适合的模块进行组合和定制，实现个性化的创新。这种灵活性不仅吸引了更多的参与者加入平台生态系统，还促进了参与者之间的合作与竞争，进一步推动了整个生态系统的创新和发展。

2. 架构分层性

数字技术的数据同质化（homogenization）和可重新编程性（reprogram-mable）两个本质特征使得分层架构得以形成。分层架构包括设备层（例如硬件和操作系统等）、网络层（例如网络传输设施及其标准等）、服务层（例如功能应用软件等）和内容层（例如用户产生的信息等）。每个层次都有其独特的功能和作用，共同构成了平台架构的不同设计层次。设备层作为数字平台的基础，为分层架构提供了必要的硬件和操作系统支持。通过开放设备层的接口和标准，平台企业可以吸引更多的设备制造商和开发者参与到生态系统中来，共同推动设备的创新和优化。网络层负责数据的传输和连接，是平台生态系统中的关键纽带。开放网络层可以促进不同网络设施和标准的互联互通，降低网络成本，提高数据传输效率，为外部参与者提供更加便捷的网络服务。服务层提供了丰富的功能应用软件和服务接口，是平台生态系统的核心价值所在。通过开放服务层的 API 和开发工具，平台企业可以吸引更多的开发者和服务提供商参与到生态系统中来，共同开发和创新各种应用和服务，满足用户的多样化需求。内容层则汇聚了用户产生的各种信息和数据，是平台生态系统中的重要资源。通过开放内容层的访问和分享权限，平台企业可以促进信息的流通和共享，激发用户的创造力和参与度，进一步丰富生态系统的内容生态。

分层开放作为数字平台的一种重要策略，允许平台企业根据自身战略目标，有选择地对不同层次进行不同程度的开放。这种策略有助于调动各类异质性主体的参与，激发多边市场的活力，从而构建一个充满活力的生态系统。通过分层开放，外部参与者可以灵活地调用不同层次的部件进行组合创新，而无须担心其他层次部件的影响，从而实现数字创新的最大化。

分层性和模块性结合构成的分层模块化架构是数字创新领域的一种高效组织逻辑。这种架构不仅为平台企业提供灵活性和可扩展性，还极大地促进外部参与者的创新活动。在分层模块化架构下，平台企业能够将复杂的系统划分为不同的层次和模块，每个层次和模块都具有特定的功能和接口。这种结构使得平台企业可以根据自身战略目标，选择性地开放不同层次的接口和模块，吸引外部参与者在这些层次上进行创新设计和开发。外部参与者可以利用平台提供的工具和资源，在平台的不同层次上构建和集成创新产品。由于分层模块化架构的灵活性，这些创新产品可以跨越多个层次和模块，实现功能的组合和扩展。同时，由于同一组件可以参与多个异构设计层次结构，创新产品的形态和功能也变得更加多样化。

阅读材料

鸿蒙操作系统的架构设计

与其他操作系统相比，鸿蒙操作系统具有一次开发多端部署、跨终端无缝协同和超级终端等优势。这些优点来自鸿蒙操作系统独特的系统架构。鸿蒙操作系统架构从下到上依次为：内核层、系统服务层、应用框架层和应用层。

（1）内核层分为内核子系统和驱动子系统。内核子系统：鸿蒙操作系统采用多内核设计，支持针对不同资源受限设备选用适合的操作系统内核。内核抽象层通过屏蔽多内核差异，对上层提供基础的内核能力，包括进程/线程管理、内存管理、文件系统、网络管理和外设管理等。驱动子系统：鸿蒙操作系统驱动框架是鸿蒙操作系统硬件生态开放的基础，提供统一外设访问能力和驱动开发、管理框架。

（2）系统服务层是鸿蒙操作系统的核心能力集合，通过框架层对应用程序提供服务。该层包含以下几个部分。

系统基本能力子系统集：为分布式应用在鸿蒙操作系统多设备上的运行、调度、迁移等操作提供了基础能力。

基础软件服务子系统集：为鸿蒙操作系统提供公共的、通用的软件服务，由事件通知、电话、多媒体等子系统组成。

增强软件服务子系统集：为鸿蒙操作系统提供针对不同设备的、差异化的能力增强型软件服务，由智慧屏专有业务、穿戴专有业务、IoT专有业务等子系统组成。

硬件服务子系统集：为鸿蒙操作系统提供硬件服务，由位置服务、生物特征识别、穿戴专有硬件服务、IoT专有硬件服务等子系统组成。

（3）应用框架层为鸿蒙操作系统的应用程序提供Java/C/C＋＋/JS等

多语言的用户程序框架和 Ability 框架，以及各种软硬件服务对外开放的多语言框架 API；同时为采用鸿蒙操作系统的设备提供 C/C++/JS 等多语言的框架 API，不同设备支持的 API 与系统的组件化裁剪程度相关。

（4）应用层包括系统应用和第三方非系统应用。鸿蒙操作系统的应用由一个或多个特征能力（feature ability，FA）或粒子能力（particle ability，PA）组成。其中，FA 有用户界面（user interface，UI）提供与用户交互的能力；而 PA 并无 UI 提供后台运行任务的能力以及统一的数据访问入口。基于 FA/PA 开发的应用，能够实现特定的业务功能，支持跨设备调度与分发，为用户提供一致、高效的应用体验。

案例来源：刘小芬. 鸿蒙系统架构及应用程序开发研究［J］. 电脑编程技巧与维护，2021（12）：3－5，12。

7.2.3　平台协调赋能创新

1. 平台协调的内涵

数字平台情境下，平台提供者与所有参与者都在进行互动。通常而言，平台提供者占据着强有力位置，能够对平台生态系统进行协调和引导，因此，数字平台提供者也常常被称为平台"协调者"或者"编排者"。数字平台的创新协调意味着平台提供者通过寻求采取一系列有意识、有目的的行动来创造价值和从中获取价值。简言之，数字平台提供者可以通过采取一系列协调机制，支持参与者创造和开发创新产品和服务。数字平台的创新协调不仅影响互补性创新的广度、范围和质量，最终还将影响平台自身的价值。有效的创新协调有助于平台提供者建立强大的声誉，扩大互补性创新的数量和范围，获取竞争优势，最终占据产业领导者的位置。

2. 平台协调机制

数字平台的协调机制指的是实现有效协调的常用规则、方式和活动集。协调机制一方面嵌入在特定技术工具中，另一方面嵌入在平台提供者的社会结构中，常常反映在沟通模式以及价值观上。当前，常见的平台协调机制主要有四类，分别是协议与规则、选择性推广、联合攻关和社会化。

协议与规则机制确保平台提供者与参与者之间的合作具有明确性和稳定性。通过正式联盟、定期信息交流以及达成具体的协议规则，双方能够共同应对运营中的挑战，实现资源共享和优势互补。这种机制有助于建立长期的合作关系，并为平台的可持续发展奠定基础。

选择性推广机制的本质是平台提供者对生态系统内参与者的培养和扶持。通过排序机制对参与者进行推荐和介绍，不仅能够提升参与者的知名度和影响力，还能增强外部第三方对平台质量的认可。这种机制有助于构建一个健康、活跃的生态系统，吸引更多的参与者加入。

联合攻关机制则强调平台提供者与参与者在特定项目上的深度合作。通过业务分包和共同开展项目，平台提供者能够引导参与者按照既定方向进行创新，从而增强整个生态系统在细分领域的竞争力。这种机制有助于实现资源的优化配置和创新能力的最大化。

社会化机制则通过举办大赛、培训等活动，促进平台提供者与参与者之间的交流和互动。这种机制不仅有助于提升参与者的专业技能和创新能力，还能传播企业的价值观和组织文化，增强整个生态系统的凝聚力和向心力。通过比赛激励措施，平台提供者还能发掘有潜力的参与者及其产品，为生态系统的持续发展注入新的活力。

📖 阅读材料

某工业互联网平台的"森林计划"

工业互联网平台对制造企业的赋能，既是一次技术变革，也是一次产业互联运营商业模式创新。R公司推出的工业互联网平台已经帮助一大批龙头企业从传统工业领域向产业互联模式转型。该工业互联网平台覆盖了95%主流工业控制器，支持1100+种工业协议解析，适配100%的国际通用硬件接口，可为用户提供设备一站式快速接入。目前，该平台已经接入各类工业设备超90万台，并成功助力产业链生态打造了包括定制家居产业链、家用塑料制品产业链、铸造产业链、注塑产业链、纺织产业链等20个产业链工业互联网平台，赋能81个细分行业，累计工业应用超5400个，服务于数百家工业企业和科研机构，签约客户将近千家。

全球工业互联网正处在产业格局未定的关键期和规模化扩张的窗口期，"新基建"助力产业结构升级，并催生新的产业形态，但目前工业互联网企业还处于单打独斗的状态，缺乏合适的平台、工具去实现产品化的沉淀。因此，如何组建起能支撑工业互联网转型升级的联合生态，是传统工业转型的方向。

R公司的工业互联网平台为帮助生态合作伙伴更好地拓展业务和提高盈利能力，面向物联硬件、工业软件、解决方案、集成商、渠道类和咨询类合作伙伴一起共建工业互联网产业运营的生态圈，整个合作伙伴体系又分成三个层级——优选级、严选级和战略级。优选级、严选级和战略级的合作伙伴要拥有与该平台融合的联合解决方案和成功案例、相应的业务开展团队。对于优选级来说，基于与该平台融合的联合解决方案销售金额是零门槛，严选级和战略级的销售金额分别是100万元和500万元。针对优选级别合作伙伴，是一个开放的生态体系，有着灵活的合作模式；对于严选级合作伙伴，该平台会签署长期的合作协议，也会做销售引流，并提供进阶培训、认证与技术支持；对于战略级的合作伙伴，该平台各类资源将全力去赋能，也同时会基于区域和业务合作领域开展战略合作。

案例来源：孟繁科. 树根互联的"森林计划"［J］. 中国工业和信息化，2022（10）：33 - 39。

7.3　构建基于数字平台的战略

在当今数字经济高速发展的时代背景下，平台战略的构建成为企业竞争的关键。平台提供者需要深思熟虑，明确平台的发展定位和目标。一方面，平台提供者需要洞察市场趋势，把握用户需求，通过技术创新和模式创新，为平台参与者提供优质的服务和丰富的资源；另一方面，平台提供者需要积极营造开放、合作、共赢的生态环境，吸引更多的参与者加入，共同推动平台的发展。

作为平台生态的重要组成部分，平台参与者的积极参与和贡献对于平台成功至关重要。平台参与者需要充分利用平台提供的资源和机会，发挥自身的优势和特长，与其他参与者进行深度合作，共同创造价值。因此，在接下来的章节中，我们将从平台提供者和平台参与者的角度出发，深入探讨如何构建基于数字平台的战略。

7.3.1 平台提供者的基石战略

1. 基石战略的内涵

基石战略指的是由平台提供者实施，为外部参与者提供一套稳定且可预测的共同资产，从而实现价值创造和获取。这一战略在推动生态系统的整体动力、鼓励利基市场的创造以及增强生态系统的稳健性方面发挥着举足轻重的作用。

平台提供者作为生态系统的焦点组织，通过向外部参与者提供服务、工具或技术形式的资源，为整个生态系统搭建起一个坚实的基础。这些共同资产不仅降低了外部参与者的进入门槛，还促进了参与者之间的合作与创新。

基石战略可以基于特定的物理资产实施，例如半导体制造公司向计算机芯片设计公司提供高效的制造能力。这种模式下，平台提供者拥有核心的物理资源，并将其作为共享资产提供给生态系统中的其他参与者，从而推动整个生态系统的协同发展。

基石战略的另一种形式是技术能力的封装与开放。例如，安卓系统作为谷歌的移动生态系统基石，向第三方应用程序开发商提供产品开发所需的技术知识和能力。通过开放技术接口和标准，平台提供者使得外部参与者能够基于其技术平台进行创新，进而丰富整个生态系统的产品和服务。

在基石战略下，平台提供者往往将绝大多数价值创造的机会留给生态系统中的其他主体。它们通过提供稳定且可预测的共同资产，为外部参与者创造一个有利于创新和价值实现的环境，而平台提供者自身则占据着生态系统的核心位置，通过协调和管理生态系统中的资源流动和价值创造过程，实现自身价值的最大化。

2. 基石战略的目标

一个有效的基石战略需要同时实现两个核心目标：第一，在平台生态系统中创造价值；第二，与平台生态系统中的其他参与者分享这些价值。华为通过鸿蒙系统的案例，生动地展示了这一战略的成功实施。

首先，华为通过开放鸿蒙系统，成功地在生态系统中创造了巨大的价值。这一举措不仅降低了手机制造商的成本，使得它们能够生产出更便宜且性能优越的手机，从而吸引更多消费者；同时也为电信运营商提供了更多的服务选择，促进了移动服务的普及和增长。这种价值创造的过程形成了一个正向的循环，使得整个生态系统的参与者都受益。

其次，华为与生态系统中的其他参与者分享了这些创造的价值。通过庞大的用户群，华为吸引了大量的平台参与者，进一步丰富了鸿蒙生态系统的内容和服务。这种共享价值的做法不仅增强了生态系统的吸引力，还促进了整个生态系统的繁荣和稳定。

然而，焦点组织在实施基石战略时，也必须确保平台的价值创造能够覆盖其创建、维护和与选择使用平台的生态系统成员共享平台的成本。否则，即使平台的价值随着用户数量的增加而增加，如果实际运营成本的增加导致了利润率的下降，最终也可能导致平台的崩溃。因此，焦点组织需要精心设计和实施基石战略，以确保其长期的可持续性和盈利能力。这包括制定合理的收费策略、优化运营流程、降低成本，以及积极寻求与生态系统中的其他参与者进行互利共赢的合作等方式。

7.3.2 平台参与者的利基战略

对于平台参与者而言，大多数组织遵循利基战略，即成为平台生态系统的"小众玩家"。采取利基战略的目的是发展专业能力，使其区别于平台生态系统中的其他企业。对于平台生态系统而言，这些细分市场的"小众玩家"代表了生态系统的大部分，他们负责大部分价值创造和创新。他们在平台提供者的"羽翼"下运作，平台提供者为其提供资源，"小众玩家"如软件开发公司（应用程序）、小型独立电脑游戏公司等，依托平台资源进行细分产品的开发。外部企业可以遵循"三阶段策略"成为有价值的"小众玩家"。这三个阶段是选择参与模式、撬动生态资源和强化价值获取。

1. 选择参与模式

外部企业在数字平台生态系统中的参与模式及其强度，对于其创新活动和创新绩效具有显著影响。平台参与策略主要涵盖技术参与和社会参与两种类型，每种类型都在不同程度上塑造了企业与平台生态系统的互动关系。

技术参与强调参与者与平台技术资源之间的紧密程度。一些企业可能仅仅利用平台的基础设施进行产品开发，而另一些企业则选择与平台提供者进行深度合作，共同解决问题，甚至与平台同步技术路径。这种深度的技术参与不仅有助于企业获取更多的技术资源和支持，还能使其在产品开发和技术创新方面获得更大的优势。

社会参与则侧重于企业与平台生态系统之间的非技术性和产品性互动。这包括参与平台举办的各种活动、加入社群组织、与其他参与者进行信息交流等。通过社会参与，企业可以更好地了解平台生态系统的运作机制、市场需求和竞争态势，从而调整自身的战略和行动，提高创新活动的针对性和有效性。

根据参与强度的不同，外部企业的参与模式可以进一步细分为多种类型。从成为活跃用户到引领平台主的项目，参与强度的提升意味着企业能够获取更多的平台资源，但同时也可能面临更大的平台控制风险。因此，企业在选择参与模式时，需要综合考虑资源获取和平台控制之间的平衡，确保自身在获取足够资源的同时，保持足够的自主性和灵活性。平台参与模式和强度如表7-6所示。

表7-6 参与模式和强度

参与模式	参与强度排序
活跃用户	1
加入平台社群	2
基于平台开发商业化产品	3
贡献创新产品/代码/技术	4
与平台主联合攻关	5
同步开发方案	6
引领平台主的项目	7

参考文献：O'Mahony S, & Karp R. From proprietary to collective governance：How do platform participation strategies evolve? [J]. Strategic Management Journal, 2022, 43（3）：530 – 562。

2. 撬动生态资源

数字平台与其参与者所构成的中心－辐射结构，体现了平台经济的核心特征。在这种结构中，中央平台作为核心，吸引着众多外围企业通过共享技术、标准与之连接，共同形成一个相互依存、共同发展的生态系统。对于平台参与者来说，如何有效利用平台资源，实现自我决策和创新发展，是一个值得深入探讨的问题。

平台参与者要撬动平台资源，实现自我发展和创新，可以遵循资源搜索、资源匹配和资源利用三步走策略。

第一步，资源搜索。平台参与者需要审视自身的内部资源需求，明确自身在产品开发、市场推广等方面的短板。同时，他们还需要分析平台资源的优势，了解平台提供了哪些技术、市场、用户等资源，以及这些资源如何能够帮助自身解决存在的问题。通过这一步骤，参与者能够找到满足自身资源需求的焦点平台，为后续的合作奠定基础。

第二步，资源匹配。它是平台参与者加入平台生态系统的关键。在明确了资源需求后，参与者需要选择合适的平台参与模式。不同的参与模式对资源投入的要求不同，因此参与者需要在战略层面进行明确，避免资源的浪费。例如，一些参与者可能选择成为平台的开发者或内容提供者，通过提供技术解决方案或优质内容来获取平台资源；而另一些参与者则可能选择成为平台的合作伙伴，通过深度合作共同开拓市场。无论选择哪种模式，参与者都需要确保自身的资源投入与平台需求相匹配，以实现互利共赢。

第三步，资源利用。它是平台参与者加入平台生态系统的核心。平台生态内部资源丰富多样，包括技术、商业、社会等各类资源。参与者需要有意识地将这些资源进行整合和利用，特别是技术型企业，更应注重商业和社会资源的整合。通过整合技术资源，参与者可以提升自身产品的技术含量和竞争力；通过整合商业资源，参与者可以拓展市场渠道、优化商业模式；通过整合社会资源，参与者可以提升品牌知名度、增强社会影响力。通过充分利用平台资源，参与者不仅能够实现自我决策和创新发展，还能够为整个生态系统的繁荣作出贡献。

3. 强化价值获取

平台参与者的价值获取与其知识产权保护机制和下游能力密切相关。这两大要素在保障企业价值获取、推动共同专业化以及提升创新绩效方面发挥着至关重要的作用。

首先，知识产权保护机制对于平台参与者而言至关重要。强大的知识产权保护能够有效阻止模仿行为，确保企业在创新过程中的投入和成果得到应有的回报。这不仅有助于企业维护自身的竞争优势，还能激励其更加积极地投入新的资源与平台生态系统开展共同专业化。当企业确信其创新成果能够得到充分保护时，它们更愿意分享和交流知识，这种知识共享的增加能够进一步提高共同专业化的效率，从而推动创新成果的改善和升级。

其次，下游能力同样是保障平台参与者价值获取的关键因素。具有强大下游能力的企业能够在面对平台提供者或其他参与企业的竞争时，更好地保卫其市场地位和"领地"。这是因为嵌入商业实践或下游服务、咨询活动中的知识往往难以被编译和解构，这使得其他企业难以轻易模仿和与之竞争。这种下游能力的存在，不仅有助于企业在市场中保持领先地位，还能为其在共同专业化过程中投入更多资源提供有力保障。通过利用下游能力，企业能够与平台生态系统中的其他参与者形成更加紧密的合作关系，共同推动创新绩效的提升。

因此，平台参与者在追求价值获取的过程中，应高度重视知识产权保护机制和下游能力的建设。通过不断完善知识产权保护体系、提升下游能力水平，企业可以更加有效地利用平台资源、推动共同专业化进程，并最终实现创新绩效的显著提升。

📖 阅读材料

AI + IoT 赋能智能化商业生态

为满足消费者、制造品牌、原始设备制造商（original equipment manufacturer，OEM）和零售连锁的智能化需求，Y 公司打造了 AI + IoT 等平台为客户提供一站式人工智能物联网解决方案，并且涵盖了硬件接入、云服务以及 App 软件开发三方面，形成"人工智能 + 制造业"的服务闭环，为消费类 IoT 智能设备提供 B 端技术及商业模式升级服务，从而满足消费者对硬件产品更高的诉求。

全球化的 AI + IoT 平台不仅针对 App 提供快速开发与编辑功能，还打破了各种 App 之间互不兼容的问题。不同品牌的智能家电往往使用互不联通的私有互联协议，尽管智能家电可以使用 App 控制，但每款家电都需要一个独立的 App，积少成多后，在操作上也非常烦琐。Y 公司提供的 App 则全面打破了"孤岛困境"，只用一个 App 即可控制不同品牌的智能设备。Y 公司已为软银、联想、长虹等品牌的智能设备提供技术支持，并实现互联互通。

Y 公司帮助全球客户实现智能化转型升级，而非仅赋能制造企业。基于操作系统级别的底层技术支持，Y 公司正从逐渐丰富和细化"平台即服务"（Platform-as-a-Service，PaaS）的底层技术服务，搭建起细分行业场景下的"软件即服务"（Software-as-a-Service，SaaS）的服务体系。2019 年 Y 公司公布了基于其操作系统的六大 SaaS 级行业解决方案，涵盖了时下消费类 IoT 技术商业落地的主赛道，颠覆了 AI 与 IoT 技术强理论而弱商业应用的局面。

作为完全中立开放的 AI + IoT 平台，Y 公司的操作系统提供了 AI 视觉、神经语言程序学（Neuro-Linguistic Programming，NLP）、IoT 全链接、IoT 联网模块和多种 SDK，以及设备端 API 等多种技术支持，在全屋、酒店、养老、安防、长短租、共享租赁六个行业培育出 SaaS 级的智慧解决方案，且实现智能产品跨品牌互联互通，打造落地级别的商业模式。

案例来源：向北. AI + IoT 平台赋能智能化商业生态［J］. 上海信息化，2019（8）：71 – 75。

📊 本章小结

数字平台作为当今商业领域的核心力量，主要涵盖以交易为核心的多边市场平台和以创新为主导的产业平台两大类别。尽管这两者在功能和定位上存在一定差异，但它们之间也不乏相似之处，共同构成数字经济的庞大生态系统。数字平台生态系统的繁荣，离不开技术构件的支撑和多元参与者的共同协作。其发展壮大更是紧密依赖于网络效应的发挥，通过参与者之间的相互连接和互动，形成强大的网络协同效应。

数字平台通过多种方式影响平台参与者的创新活动。首先，资源输入是创新的基础，平台提供了包括技术资源、知识资源、商业资源和社会化资源在内的丰富养分，为平台参与者提供了源源不断的创新动力。其次，数字平台的架构特征——分层性和模块性，为外部参与者提供了广阔的创新空间。基于这种分层模块架构，平台企业能够吸引外部参与者在平台的不同层次上设计和开发创新产品，从而推动整个生态系统的创新活力。此外，数字平台还通过一系列的协调机制，如协议与规则、选择性推广、联合攻关和社会化等，促进参与者之间的合作与协同，实现创新资源的优化配置和高效利用。最后，平台参与者可以通过制定和实施利基战略，撬动平台资源，实现价值创造。同时，通过加强知识产权保护和提升下游能力，这些企业能够更好地从创新中获益，实现可持续发展。

思考与练习

1. 分别举一例介绍多边市场平台和产业平台的构成主体及运营模式。
2. 多边市场平台和产业平台的异同点有哪些？
3. 数字平台边界资源类型有哪些？
4. 数字平台如何协调平台参与者创新？
5. 平台参与者如何保障自身从平台生态系统创新中获益？

延伸阅读

［1］王节祥，蔡宁. 平台研究的流派，趋势与理论框架——基于文献计量和内容分析方法的诠释［J］. 商业经济与管理，2018，38（3）：20 – 35.

［2］徐晋，张祥建. 平台经济学初探［J］. 中国工业经济，2006（5）：40 – 47.

［3］Cusumano M A & Gawer M A. The elements of platform leadership ［J］. MIT Sloan Management Review，2002，43（3）：51.

［4］De Reuver M，Sørensen C，Basole R C. The digital platform：a research agenda ［J］. Journal of Information Technology，2018，33（2）：124 – 135.

［5］Eisenmann T，Parker G，Van Alstyne M W. Strategies for two – sided markets ［J］. Harvard Business Review，2006，84（10）：92.

［6］Parker G G，Van Alstyne M W，Choudary S P. Platform Revolution：How Networked Markets are Transforming The economyand How to Make Them Work for You ［M］. New York，USA，W. W. Norton & Company，2016：189 – 203.

［7］Tiwana A，Konsynski B，Bush A A，Research commentary—platform evolution：coevolution of platform architecture，governance，and environmental dynamics ［J］. Information Systems Research，2010，21（4）：675 – 687.

第8章 数字创新中的商业伦理与社会责任

- 了解数字创新与信息安全
- 了解数字创新与伦理道德
- 了解数字创新与绿色发展
- 了解数字创新与包容式发展
- 了解数字创新与社会创业

引 例

滴滴出行信息泄露

在数字创新过程中，信息泄露是一个普遍存在的安全问题。由于数字产品和服务的复杂性与互联网的开放性，数据安全风险随时存在。一旦发生信息泄露，可能会给个人、企业和社会带来严重的财产和声誉损失。作为数字创新企业的典型代表，滴滴出行通过平台创新，搭建了司机与乘客之间的供需桥梁，对我国的网络叫车服务起到积极的推动作用，但同时在滴滴出行的发展过程中也曾暴露出严重的信息泄露问题。

滴滴出行最初成立于 2012 年，在成立后的近十年时间里，公司规模逐渐扩大。到了 2021 年的 7 月 1 日凌晨，滴滴在美国上市。仅仅过了一天，7 月 2 日，国家网信办对"滴滴出行"实施网络安全审查。7 月 4 日晚，国家网信办发布通报称，"滴滴出行"App 存在严重违法违规收集使用个人信息问题，通知应用商店下架"滴滴出行"App，并进行整改。

经查明，滴滴公司共存在16项违法事实，归纳起来主要是8个方面。一是违法收集用户手机相册中的截图信息1196.39万条；二是过度收集用户剪切板信息、应用列表信息83.23亿条；三是过度收集乘客人脸识别信息1.07亿条、年龄段信息5350.92万条、职业信息1633.56万条、亲情关系信息138.29万条、"家"和"公司"打车地址信息1.53亿条；四是过度收集乘客评价代驾服务、App后台运行、手机连接桔视记录仪设备的精准位置（经纬度）信息1.67亿条；五是过度收集司机学历信息14.29万条，以明文形式存储司机身份证号信息5780.26万条；六是在未明确告知乘客的情况下分析乘客出行意图信息539.76亿条、常驻城市信息15.38亿条、异地商务/异地旅游信息3.04亿条；七是在乘客使用顺风车服务时频繁索取无关的"电话权限"；八是未准确、清晰说明用户设备信息等19项个人信息处理目的。

滴滴出行事件暴露出了数字创新在信息安全方面的薄弱环节，也引发了社会对于企业数据安全管理的重视。该事件是数字化时代下企业数据安全管理的一个重要案例，提醒了企业在数字创新的过程中需要高度重视用户数据的安全性，加强技术和管理手段，保护用户的个人隐私信息。

历经1年多的全面审查与整改，滴滴出行自2023年1月16日起恢复平台的新用户注册，并承诺公司将采取有效措施，切实保障平台设施安全和大数据安全，维护国家网络安全。

资料来源：魏蔚．严重违法违规收集个人信息　滴滴出行被下架［N］．北京商报，2021-07-05（3）；新京报．滴滴出行：恢复新用户注册［EB/OL］．（2023-01-16）［2024-04-011］．https：//www.bjnews.com.cn/detail/167385227514470.html。

在数字创新的进程中，我们不仅要关注企业数字创新活动的规律，更要关注数字创新中涉及的商业伦理与社会责任议题。商业伦理与社会责任是数字创新进程中的重要一环，更是数字创新未来发展的规范与准则。本章着重围绕信息安全、伦理道德、绿色发展、包容式发展和社会创业五个方面介绍商业伦理和社会责任的主要关注点，并重点介绍它们与数字创新的关系，以帮助企业在实施数字创新时关注可能产生的商业伦理和社会责任风险，并利用数字创新更好地推进商业文明和履行社会责任。

8.1 数字创新与信息安全

8.1.1 信息安全的概念及意义

1. 信息安全的概念

信息安全是指保护信息系统中的信息不受未经授权的访问、使用、披露、破坏、修改、干扰等威胁的一种综合性保护措施。信息安全是现代社会中不可或缺的一部分，它涉及个人、组织、企业、政府等各个层面和领域。

信息安全的定义包括四个方面。

（1）保密性：保护信息不被未经授权的人员访问和使用。这是信息安全的基本要求，也是保护个人隐私和商业机密的重要手段。

（2）完整性：保护信息不被篡改、损坏或丢失。信息的完整性是保证信息可靠性和可信度的重要保障。

（3）可用性：保证信息系统在需要时能够正常运行，不受攻击和故障的影响。信息系统的可用性是保证信息服务连续性和稳定性的重要保障。

（4）可控性：保证信息系统的管理和控制能力，防止信息泄露和滥用。信息系统的可控性是保证信息安全管理有效性和可操作性的重要保障。

2. 信息安全的重要性

信息安全的重要性和意义主要体现在以下四个方面。

（1）信息安全是保护个人隐私的基础。在数字化时代，大量的个人信息存储在各种电子设备和网络中，包括个人身份信息、财务信息、医疗记录等，如果这些信息被未经授权的人获取，将对个人造成严重的损害，例如身份盗窃、金融欺诈等。信息安全工作的推进可以保护个人隐私，防止个人信息被滥用。

（2）对于企业和组织来讲，信息安全是保护商业机密的关键。商业机密包括客户数据、研发成果、商业计划等重要信息，这些信息的泄露可能导致企业竞争力下降、商业利益受损甚至破产。通过建立健全的信息安全体系，企业可以保护自己的商业机密，确保核心竞争力的持续优势。

（3）信息安全对于国家安全具有重要意义。国家的政府机构、军事系统等关键部门都依赖于信息系统和网络的正常运行。如果这些系统遭到攻击或被破坏，将对社会稳定，甚至是国家安全造成严重威胁。信息安全的保障可以确保国家机密的保密性、军事行动的可靠性，维护国家的核心利益和安全。

（4）信息安全是现代经济发展和社会稳定的基础。随着数字化、网络化的不断发展，信息技术在经济和社会各个领域的应用越来越广泛。信息安全的保障可以促进电子商务的发展、保护金融交易的安全、维护社会秩序的稳定。同时，信息安全的缺失可能导致经济损失、不信任的蔓延和社会混乱。

综上所述，信息安全对于个人、企业、社会和国家都具有重要意义。它不仅关系到个人隐私的保护，也关系到企业竞争力、国家安全、经济发展和社会稳定。因此，加强信息安全的保障，提高信息安全意识和能力，已经成为当今社会的重要任务。

8.1.2 数字创新与信息安全的关系

首先，信息安全是事关数字创新发展的关键因素。只有在信息安全得到有效保障的情况下，企业才能够更加放心地开展数字创新活动，用户才能够更加地信任企业的数字化产品和服务，从而更好地参与和支持数字化应用和创新的发展，因此，信息安全保障水平和数字创新发展息息相关。其次，随着数字创新的蓬勃发展，大量的政府、企业和个人信息存储在系统中，信息系统和网络的规模不断扩大以及复杂度上升，信息安全需求被不断提高，其重要性也日益突出。

8.1.3 数字创新中的信息安全问题

虽然随着数字技术的发展，信息安全技术也在不断创新和发展，例如加密、身份验证和网络防御等信息安全技术的发展；但是，在数字创新过程中，仍然存在着一些与信息安全相关的问题。这些问题主要包括以下五个方面。

（1）数据泄露和隐私问题：在数字化过程中，大量的个人和机构数据被收集、存储和传输。如果这些数据没有得到妥善保护，可能导致数据泄露、身份盗窃和隐私侵犯等问题。

（2）网络攻击和漏洞利用：数字化系统面临着各种网络攻击，如黑客攻击、病毒感染、网络钓鱼等。此外，数字化系统中可能存在未修补的漏洞，被黑客利用进行攻击。

（3）欺诈和网络犯罪：数字化环境为欺诈行为和网络犯罪提供了更多机会。例如，电子支付和电子商务中的欺诈行为、网络诈骗、网络钓鱼等。

（4）知识产权问题：数字化使得信息的复制和传播变得容易，这也带来了知识产权的侵犯问题。盗版、非法共享和侵犯版权的行为在数字化环境中变得更加普遍。

（5）物联网和智能设备安全：随着物联网和智能设备的普及，这些设备的安全性也成为一个重要的问题。在使用智能设备时，可能存在未经授权的访问、设备劫持和隐私泄露等风险。

8.1.4　信息安全的保护措施

为了推进数字创新，社会各界需要从信息安全技术和政策法规等方面采取一系列的措施，以提升信息安全水平，促进数字技术的发展和数字创新的开展。保护信息安全主要可以采取以下六项措施。

（1）加强网络和系统安全：网络和系统是数字化应用的基础，必须确保其安全性。其主要内容包括加强网络设备和软件的安全性、采取访问控制和加密技术、进行漏洞管理和修补等措施，以避免黑客攻击、恶意软件和数据泄露等问题。

（2）建立完善的安全体系：建立完善的安全体系是确保数字创新安全的重要手段。其主要内容包括建立安全管理体系、采取安全策略、审计和监测机制等，以确保数字化系统和服务的持续安全运行。

（3）加强数据保护：数据是数字化时代的核心资源，必须要采取有效的措施来保护其安全性和隐私性。其主要内容包括加强数据加密、访问控制和备份等措施，同时确保数据收集和使用符合法律法规和道德规范。

（4）加强人员培训和教育：人员是数字化应用的重要组成部分，他们的安全意识和技能水平直接影响数字化系统和服务的安全性。因此，组织需要加强员工的安全培训和教育，提高其安全意识和技能水平。

（5）加强合作和信息共享：在数字创新过程中，各个组织之间需要加强合作和信息共享，共同应对信息安全问题。其主要内容包括建立信息共享平台、加强协作和信息交流等措施，以便及时掌握和应对安全威胁。

（6）加强监管和合规管理：政府和监管机构在数字化应用中扮演着重要角色，需要出台相关法律法规和规范标准，鼓励组织采取必要的信息安全措施，同时监督和管理数字化活动的合规性。例如 2021 年我国出台了《中华人民共和国数据安全法》，其中明确规定了在开展数字化活动时的数据安全与发展、数据安全制度、数据安全保护义务、政务数据安全与开放和法律责任等内容。

8.2 数字创新与伦理道德

8.2.1 伦理道德的内涵及重要性

1. 伦理道德的内涵

伦理道德是指人们在社会生活中形成的关于善恶、正义、公正等基本价值的规范，是指对个体行为的准则和规范。人类社会的发展一直都离不开道德的规范，伦理道德在社会生活中具有重要作用。它是人类社会文明的基石之一，是凝聚人类社会共识的基础。伦理道德的实践对个人的价值观的形成和社会的运行状况具有重要的影响。正是由于伦理道德引导的负责任和正义的行为，使得人类社会得以和谐、有效地运转。伦理道德的核心是对人类尊严与人权的尊重。人的尊严和权利是伦理道德的基石。在伦理道德中，人被看作是有尊严、有价值的存在，需要受到尊重、关怀和保护。伦理道德是一种行为规范，它不仅要求人们不做坏事，还要求人们以做好事为根本。伦理道德的标准取决于特定文化和社会背景。

总之，伦理道德是人们在社会生活中所遵循的一系列行为准则和价值观，包括人与人之间的相互关系、道德行为的规范和评价等方面。伦理道德对人类社会的发展与和谐起着至关重要的作用。但随着数字创新技术的发展和应用，涉及伦理道德的问题也越来越多地受到人们的关注。

2. 伦理道德的重要性

从个人层面来说，首先，伦理道德能够约束人们的行为。伦理道德是人类共同的价值观，它可以约束人们的行为，让人们知道什么是应该做的、什么是不应该做的。例如，"不为五斗米折腰"，就是一个典型的伦理道德准则。这个准则要求，不管面对多少金钱诱惑，都不能丧失自己的尊严和原则，这种道德的力量是无法估量的。其次，伦理道德能够塑造个人形象。个人形象是由个人品德、言语和行为所组成，而伦理道德是塑造个人品德的重要因素，它有助于人们培养诚实守信、勇敢正直的美德，帮助个人成为对社会有益的公民。

从企业层面来说，首先，伦理道德能够促进企业间的公平竞争。伦理道德要求企业遵守公平竞争的原则，不利用不正当手段获取竞争优势。其次，伦理道德能够降低企业违法的风险。遵守法律规范和伦理准则可以帮助企业避免违法行为、降低法律风险，减少潜在的道德冲突和舆论压力等。最后，伦理道德能够推动社会的可持续发展。企业的伦理道德行为与社会的可持续发展密切相关，通过关注环境保护和社会责任等问题，企业能够为社会作出积极贡献，促进社会的可持续发展。

从社会层面来说，一方面，伦理道德能够促进社会和谐。伦理道德规范有助于维护社会秩序和稳定，促进人与人之间的和谐相处。遵守伦理道德可以减少冲突和纷争，促进社会的和谐发展。伦理道德能够带给人们互助、关心和爱的感觉，让个人、群体之间相互尊重、理解、协调，从而营造出一个优美、和谐的社会空间。另一方面，伦理道德有利于社会发展。伦理道德是社会文明进步的基础，它能够推动社会的发展和进步。伦理道德带给人们的不仅是对事物的正确认识和应对方式，还包括对事物未来的关注和思考。伦理道德是文化的基础，是文明与进步的重要前提。伦理道德同时也是社会信任的基础，在遵守道德规范的前提下，人们更容易建立起互相信任的关系，这对于社会的正常运转至关重要。此外，伦理道德能够为法律提供依据。许多法律和法规都是建立在伦理道德的基础之上，它们共同构成了社会秩序和公共权利的保障体系。

8.2.2　数字创新中的伦理道德问题

随着互联网、大数据、人工智能等数字技术的普遍应用，我们日渐生活在数字化的信息空间之中，当前，数字化的生活成为人们重要的生活形式。但这种颠覆性数字技术的发展在赋能产业和使人们享受数字创新红利的同时，也带来了诸多不容忽视的商业伦理和社会道德问题。

第一，个人数据保护问题。当前，各类移动应用程序（App）实时记录着人们的地理位置、联系人、浏览行为，人类生物特征信息如人脸、视网膜、语音等也正在被各种数字技术所采集。尽管企业数据采集、分析、存储、流转采取了匿名化、加密化等预防举措，但在大数据分析系统面前，个体变得越发透明。这些与个人紧密相关的数据一旦泄露或被滥用，将严重影响个人生活乃至国家安全。此外，不法分子还可能利用数字技术非法窃取、识别个人信息，实施网络诈骗、窃取钱财甚至危及人身安全等犯罪活动。因此，加强个人数据和隐私保护已成为数字创新亟须回应的优先事项。

第二，公平性和歧视性问题。在数字创新过程中，算法是数字技术应用的根基。伴随着算法自主决策性能日渐提高，人工智能技术已广泛应用于个性化内容推荐、精准广告投放、信贷风险评估、投资决策顾问、劳动雇用筛查、司法审判、汽车驾驶等众多领域。然而，算法决策不当则可能会在有意或无意之间，导致歧视或不公，如个性化推荐算法应用于数字内容的分发，可能影响公众认知、固化思维和强化社会偏见等。随着算法决策越来越多地应用于各种社会场景，其潜在影响开始广受关注，如近年来围绕"信息茧房""大数据杀熟"等事件的舆论热点，充分体现出人们对算法公平、训练人工智能系统的数据样本是否有代表性的担忧。

第三，违背人类伦理道德规范。数字创新必须遵守人类社会的法律规范和道德伦理，作出合法合道德的行为。但是，数字创新是研发人员主观设计的过程，这一问题最终要回归到数字创新过程中的伦理审查问题。一方面，要在设计过程中，以现实社会的伦理道德规范作为参考标准，使创新成果符合人类的价值判断并促进科技进步；另一方面，要极力避免研发人员将其主观偏见、歧视等价值判断带入研发过程中。由复旦大学举办的2023年科技伦理高峰论坛在关于"人工智能的切要风险与伦理挑战"的论题中指出，人工智能问题已从潜在问题变成了实存风险，目前该领域的伦理规范仍有不足，法律是底线，数据、算法、平台和应用四点是重要方面，关键是研发者、教育工作者、媒体、政府、用户每个相关方都应在其中承担自己的责任。

第四，安全和责任问题。以人工智能为代表的数字创新技术已广泛应用到机器人、无人机、智能诊疗、智能驾驶等领域，但带来了生产安全、人身安全、财产安全等新问题。一旦出现意外事故，现行制度可能难以给予有效回应，例如自动驾驶汽车出现致命事故、智能诊疗系统给出"不安全"的治疗建议，人工智能算法的不透明、不可理解、不可解释等情况，就会给责任的确定和分配带来众多分歧，从而让被侵权人难以得到应有的公正弥补。面对可预期的法律责任挑战，侵权法、合同法等法律规则的局限性和不完备性逐渐显现。

第五，社会伦理困境。虽然数字创新能够极大地提高社会的劳动效率，改善人们的生产、生活状况，但是数字创新成果的广泛应用反而可能在一定程度上挑战了社会伦理。在资本主义初期，大机器的出现排挤产业工人，产生大量的失业工人游走于社会。同样，在大数据时代，人工智能的出现也可能出现"排他性"，对劳动者的地位产生影响，由此引发社会伦理困境。人工智能作为人的体力和脑力的扩展，在许多方面都大大超越人本身。也正因如此，各个企业都在进行产业结构升级，人工智能作为企业结构升级的重要配置，能够在产品的设计、生产、销售等一系列环节中进行智能化处理，从而减少对劳动者的需求，这就可能增加社会就业压力，使得作为生产力的劳动者被搁置，造成社会资源的闲置和浪费，从而影响社会的有序运转。伴随着人口就业不稳定性，社会的财富分配就可能出现不平等、不公平现象，容易产生两极分化。这些问题的发生可能会影响社会的稳定运行，甚至有可能会造成社会的动荡。

8.2.3　数字创新中的伦理道德建设

数字技术和数字创新推动人类社会不断发展的同时，也可能会引发诸多事前难以预知的上述法律、道德、伦理等新问题。因此，我国企业在进行数字创新的过程中，要遵循商业伦理道德，以促进企业可持续发展，与此同时，全社会要重视数字创新中的伦理道德建设，秉持"科技向善"理念，构建面向数据和算法的新规则，加强数字科技伦理道德教育，强化行业自律，使其最大程度造福人类。

一是制定数字创新的伦理准则与指南。目前，国际社会在人工智能、自动驾驶等领域的伦理准则和指南方面，进行了大量的有益探索。面对新技术发展的不确定性，我们可借鉴国际经验，进一步加强对科技伦理的重视，通过预警性思考、广泛的社会参与和多学科评估来充分讨论可能存在的风险和危害，尽快建立数字创新与应用的伦理共识或框架，规范新技术的研发和应用，维护、促进数字信任，让大数据、人工智能等数字技术最大程度地造福于人类。

二是充分发挥科技伦理的行业自律作用。科技企业是数字创新的重要力量，对数字创新产品的内在运行机理了解比较深入，对其应用的场景及潜在的伦理规范问题也更为清楚。我们可通过伦理审查、自律组织、行业标准、最佳实践、技术指南等方式来支持和促进行业自律，避免算法共谋或将人为责任推脱给算法的行为，以确保科技发展应用的正确方向；同时，鼓励企业在数字创新过程中开展风险自评估，推广应用前开展风险自测试等，尽量减少伦理风险或潜在的纠纷冲突。

三是加快完善数字创新领域的法律规则。加快完善数字创新领域的法律规则是确保科技发展与伦理道德相辅相成的重要举措，优先为自动驾驶、无人机、医疗诊断、自主智能机器人等领域的应用探索制定恰当合理的法律规则，这些准则和法律法规应当涵盖数字创新与应用的各个方面，并考虑到数据隐私、安全、透明度、公正性等方面的问题。坚持促进数据利用与保障安全并重，建立数据收集、利用的基本规则，加强数据保护，增强算法透明，防范并打击数据滥用行为。例如 2023 年我国出台了《生成式人工智能服务管理暂行办法》，其中明确规定了在提供和使用人工智能服务时，应当遵守法律、行政法规，尊重社会公德和伦理道德。

四是加强对数字创新活动的监管和监督。针对数字创新可能存在的风险和威胁，需要加强对数字创新活动的监管和监督，确保数字创新技术的应用符合伦理道德和法律法规的要求，包括对数字创新数据采集、使用和共享过程中进行严格的监管，确保个人隐私得到保护。同时，也需要建立数字创新的评估和审查机制，对数字创新技术的应用进行评估和审查，确保其不会对社会产生负面影响。

五是支持数字创新的跨学科研究。数字创新所带来的社会影响是深远的、全方位的，要充分认识到数字技术应用及其对未来社会的风险和挑战，不可能单单靠技术手段就能够解决。数字创新技术与伦理道德问题密切相关，需要加强交叉研究，深化对数字创新伦理道德问题的认识和解决方案的探索。可以通过大力支持、鼓励和引导数字创新的社会学和跨学科研究，从国家安全、社会治理、就业结构、法律制度、道德伦理等多个维度来制定切实合理可行的应对措施。

六是加强公民数字教育，提升公民数字素养。搭建数字科技创新与伦理之间的高效对话机制和沟通平台，加强新技术领域的科普工作和舆论引导，可以避免制造公众焦虑，为数字创新营造理性的社会氛围。制定并在教育培训体系中积极落实全民数字素养和数字伦理培训计划，鼓励全社会践行科技向善理念，严守科技伦理底线，充分发掘新技术巨大的"向善"潜力，以促进经济和社会可持续地发展进步。

8.3 数字创新与绿色发展

8.3.1 绿色发展的内涵及特征

1. 绿色发展的概念及内涵

绿色发展是指在经济增长和发展过程中，以人与自然和谐为初级目标、以人与自然共荣为高级目标，以绿色资产促进技术进步，以绿色消费满足居民需求，实现生产发展、生活富裕、生态良好的有机统一。简单来说，绿色发展就是以效率、和谐、持续为目标的经济增长和社会发展方式。

绿色发展是在传统发展基础上的一种模式创新，是建立在生态环境容量和资源承载力的约束条件下，将环境保护作为实现可持续发展重要支柱的一种新型发展模式。具体来说包括以下几个要点：一是要将环境资源作为社会经济发展的内在要素；二是要把实现经济、社会和环境的可持续发展作为绿色发展的目标；三是要把经济活动过程和结果的"绿色化""生态化"作为绿色发展的主要内容和途径。

2. 绿色发展的特征

绿色发展的特征包括以下四个方面。

（1）可持续性。可持续性是指在满足当前需求的同时，不损害未来发展的利益，并可促进经济、社会和环境的平衡发展。绿色发展强调经济、社会和环境的协调发展，是一种可持续的发展方式。它要求在经济发展过程中，注重环境保护和资源节约，确保人类社会与自然环境的和谐共生。

（2）开放性。绿色发展不是一个封闭的发展体系，而是一个开放的系统。它需要不断地与外部环境进行交流和互动，借鉴和吸收其他国家和地区在绿色发展方面的经验和做法。

（3）多样性。绿色发展在不同的国家和地区有不同的表现形式和实施路径。它需要根据不同国家和地区的实际情况，因地制宜地制定绿色发展战略和政策措施。如在发达国家，绿色发展主要侧重于环境保护和资源利用效率的提高。这些国家通常拥有先进的环境技术和管理经验，可以通过推动清洁能源的发展、加强环境监管和推动循环经济等措施来实现绿色发展。而在发展中国家，绿色发展的重点更多的是在经济发展和社会进步的同时保护环境。这些国家大多面临着资源短缺、环境污染和贫困等挑战，需要通过促进可持续农业、发展可再生能源和改善环境管理等措施来实现绿色发展。

（4）创新性。绿色发展是一种创新的发展方式，它需要不断地引入新的技术、新的产业、新的组织形式等，通过绿色创新以实现经济的绿色化转型。与传统创新不同，绿色创新更加注重采用新技术和新理念，以实现资源的高效利用和污染的有效降低。通过绿色技术创新带来的高效生产模式，可以弥补传统技术创新中忽视资源保护和污染治理的不足之处，有效减少企业生产过程中的废物和污染物排放，从而直接降低环境保护成本，推动产业体系向绿色化转型。因此，绿色创新被越来越多的企业视为在全新竞争环境中获得可持续竞争优势的重要战略。

8.3.2　绿色发展的重要性

绿色发展不仅是国家和地区发展的需要，也是全球环境保护的责任。大力推动绿色发展具有重要的意义和作用。

1. 绿色发展有助于提高生态环境质量

现代工业化和城市化进程带来了严重的环境污染和生态破坏问题，严重威胁着人类的生存和健康。绿色发展通过推动节能减排、资源循环利用、生态保护等措施，有效解决了环境问题，改善了生态环境。只有保护好环境，才能保证人类的可持续发展。

2. 绿色发展是实现经济可持续发展的重要途径

传统的经济发展模式往往以牺牲环境为代价，短期获得经济增长，但长期来看却难以为继。而绿色发展则强调以可持续方式利用资源，促进经济的长期稳定增长。绿色产业的发展不仅能够创造就业机会，还能推动技术创新和产业升级，提高经济效益。通过绿色发展，可以实现经济的可持续发展，为未来留下良好的发展条件。

3. 绿色发展有助于改善人民生活品质

随着城市化进程的加快，人口密度增加，环境污染问题日益突出。绿色发展通过推动节能环保产业的发展，提高环境质量，改善人民生活条件。它可以提供更多的清洁能源，改善空气质量，保障人民的身体健康。同时，绿色发展还可以提供更多的绿色消费品和服务，满足人民对美好生活的需求。

4. 绿色发展有助于促进全球可持续发展

地球是人类共同的家园，各国应共同承担环境保护的责任。绿色发展不仅在国内有利于环境保护和经济发展，也有助于提高国际竞争力和影响力。通过推动绿色发展，可以为全球环境保护贡献力量，推动全球可持续发展。同时，绿色发展也为各国提供了合作的机会，通过共同努力，实现共赢。

总之，绿色发展对于实现可持续发展目标、保护环境、促进经济增长至关重要。它是一种综合性的发展理念，需要政府、企业和个人共同努力，通过政策支持、技术创新和行动实施来推动绿色发展的实现。

8.3.3　数字创新与绿色发展的关系

1. 数字创新促进绿色产业发展

数字创新可以通过大数据、人工智能、云计算等技术，推动诸如新能源、环保、低碳等新兴绿色产业的发展。这些新兴产业的发展不仅可以满足社会发展的需求，同时也可以减少对环境的污染，实现可持续发展。以新能源企业——电动汽车为例。电动汽车是绿色交通的重要组成部分，数字创新推动了电动汽车技术的发展，包括电池技术、充电技术和智能驾驶系统等。同时，数字创新也促进了充电基础设施的建设和管理。通过智能充电站和充电桩网络，电动汽车的充电过程更加便捷和高效，推动了电动汽车的普及和绿色出行的发展。再以绿色产品——节能电灯为例。节能电灯是一种采用节能技术的照明设备，其原理主要通过减少能源消耗来实现节能。与传统的白炽灯相比，节能电灯具有更高的发光效率，能够将更多的电能转化为光能，减少能源的浪费，从而可以更好地实现可持续发展。

2. 数字创新促进企业绿色生产水平

通过使用物联网和大数据分析等数字技术，企业可以实现整个供应链的可视化，并能够优化生产流程和根据需求调整能源使用，提高能源利用效率，减少资源浪费和环境污染，提高生产效率和产品质量。以数字农业为例，数字农业是把数字化信息当作农业生产的新要素，借助数字信息对农业生产环境、对象及流程开展信息化管理和数字化研发的新型农业发展模式。数字创新正在改变传统农业的方式。通过使用无人机、传感器、大数据和人工智能等技术，数字农业可以实时监测土壤湿度、气象条件和作物生长情况，提供精准的农业管理和决策支持。这有助于减少农药和化肥的使用，提高农作物产量和品质，促进可持续农业的发展。

📖 阅读材料

以"数字化"推进"低碳化"发展

S公司于2022年获得了国家级绿色工厂称号，在可持续发展的道路上开始了新的篇章。作为国内外高压变频器的领先企业，S公司对环境、生态、环保一直都非常重视，虽然面临着环保压力，但是S公司更倾向于将其视为机遇，在减碳道路上砥砺前行，根据工厂的生产特性，逐步构建适合自己的减碳战略，最终实现零碳目标。

产品碳足迹管理是S公司规划的一个重要部分，从产品的设计端、生产端到应用端，通过数字化平台，收集产品全生命周期的碳排放数据，摸清自身工厂的"碳家底"，从而对每个环节制定针对性的碳减排策略。S公司通过对产品原材料、生产加工、使用以及废弃产品回收利用的整个生命周期评价，可以清楚看到在各个环节中的碳排放数据。此外，S公司借助上海高校资源，与专家、教授保持着紧密的沟通和交流，为减少产品碳足迹共同努力。S公司通过产品碳足迹管理的成功应用，取得了很好的环保效益。在产品重量上，某款产品整体重量减轻了17%，减少使用碳钢90吨，相当于每年减少碳排放200吨；在产品生产结构上，每年可节省480吨钢材，相当于每年减少碳排放1000吨；在原材料的使用上，大约每年减少排放废水 16500 吨,取得了巨大成效。此外,S 公司还通过 LED 节能改造、一级能耗中央空调替换、购买滤电、绿证电力等节能减排的方式,减少电力消耗,在整体上已经完成碳排放抵消,实现碳中和。

资料来源:浦东发布. 聚焦"数字化 + 低碳化",这家企业不断推动绿色转型发展 [EB/OL]. (2023 - 08 - 18) [2024 - 04 - 11]. https://mp.weixin.qq.com/s/uK1EuJvkg Tue21cKh7D0oQ。

3. 数字创新提升企业绿色需求感知能力

通过利用数字化的技术,企业可以更为及时和有效地获取市场绿色需求信息,从而能够更快速和精准地制定绿色发展战略。例如,通过大数据分析等技术手段,企业可以更好地了解消费者绿色消费习惯和需求变化,从而更加精准地推出符合市场需求的绿色产品和服务。此外,数字创新还可以为企业提供更加便捷、高效的销售渠道和服务平台,从而帮助企业实现绿色化发展和经济效益的双重提升。

4. 数字创新提升环境绿色治理能力

随着环保意识的提高,人们越来越追求绿色、低碳、可持续的生活方式,这对政府的绿色治理水平提出了更高的要求,数字技术的应用和创新有力提升了政府的绿色治理能力。例如,在环境规制方面,通过云计算、大数据分析等数据处理技术在环境事件管理、方案制定、减排措施模拟仿真等治理决策过程中的应用,政府构建了以大数据资源为基础的科学决策机制,以数字化赋能政府环境治理智慧化。再如,在公众参与环境治理方面,政府逐渐深化了数字技术在公众环境诉求表达渠道、诉求获取、诉求处理等环节的应用,以便更好地履行好环境治理责任。

8.4　数字创新与包容式发展

8.4.1　包容式发展的内涵及意义

从全面发展和可持续发展的角度出发,包容式发展指要改变片面和歧视性的不科学发展,强调要追求发展的共享性;在实际的发展进程中,不同的发展主体各自拥有的主客观条件不同、努力的程度不同，从而导致了不平等的发展存在和发展前景，包容性发展倡导绝大多数人都要在发展中普遍受益。包容式发展的本质与追求人的全面发展是一致的。要包容农民、包容工人、包容弱势群体，让每一个人都得到全面、自由的发展，包容式发展是各国政府和国际组织制定脱贫战略与方案，帮助弱势群体实现脱贫的重要选择，当前我国正在大力推进和实现共同富裕，支持并促进包容式发展是决定共同富裕的关键。

此外，从更宽泛的角度，包容式发展指的是强调各方利益相互融合、相互包容发展的一种发展模式。这种发展模式注重公平分配资源、权益和机会，努力消除贫困、饥饿、失业和健康等问题。它强调在发展过程中，应充分考虑各方的需求和利益，尤其是关注弱势群体的利益，以实现平等、公正和共同繁荣。包容式发展的内涵包括以下几个方面：第一，经济包容。在经济发展过程中，应关注各类企业的均衡发展，提高劳动生产率，降低贫困率，增强社会稳定性。第二，社会包容。在社会进步过程中，应关注弱势群体，提高基本公共服务水平，缩小收入差距，增强社会和谐度。第三，文化包容。在文化传承与发展过程中，应尊重各种文化形态，推动文化交流与融合，提高全民文化素质。

包容式发展的意义在于它是一种可持续的发展模式，旨在扶持弱势群体，促进社会的公平、公正、共同发展。因此，我们应该注意到包容式发展的重要性。首先，包容式发展强调了共同富裕的重要性。在实现包容式发展的过程中，必须考虑到所有人的福祉和利益，包括贫困人口、弱势群体和边缘化群体等。通过共同富裕，才能实现社会公平和可持续发展。其次，包容式发展强调经济的可持续增长，注重长期经济利益，而非短期经济利益。这种发展方式将经济发展与环境保护和社会发展相结合，实现了经济增长与可持续发展的良性循环。同时，包容式发展注重财富的公平分配，努力缩小贫富差距，让更多人分享经济发展的成果。这有助于减少社会矛盾和不平等现象，促进社会公平和稳定。包容式发展以人民为中心，关注人民的需求和利益。通过提高公共服务水平、改善基础设施、增加就业机会等方式，提升人民的生活水平和幸福感。包容式发展倡导合作共赢，在国际环境下，主张各国共同发展。这种发展理念有利于促进国际贸易和投资合作，推动全球经济的繁荣和发展。

8.4.2 数字创新与包容式发展的关系

数字创新和包容式发展之间存在紧密的关系。数字创新利用数字技术和创新思维来推动社会和经济发展的过程，包括数字经济、人工智能、物联网等方面的创新。包容式发展则强调在社会和经济发展中，要照顾到弱势群体的利益，让更多的人能够分享发展成果和机会。它强调没有人应该被边缘化或忽视，而是要构建一个包容的社会体系。那数字创新和包容式发展的关系是什么呢？

1. 数字创新可以为包容式发展提供重要支持和推动力

首先，数字技术可以适用于不同的领域和场景，无论是金融、教育、医疗还是农业等领域，数字技术都可以为其提供支持和服务。数字技术的广泛应用有利于打破不同领域之间的隔阂，进而降低社会经济领域的壁垒，为包括弱势群体在内的人们提供平等的参与机会。数字技术还可以突破地理限制，使得人们可以随时随地获取服务。通过数字创新，人们可以更便捷地获取信息、交流和合作，促进资源的公平分配和共享。例如，移动支付和在线教育等技术可以让更多人获得金融服务和教育资源。数字创新也可以促进公共服务的普及，例如，通过数字化政务平台，人们可以更方便地获取政府信息和办理业务。

其次，数字创新为包容式发展提供新的经济增长点和就业机会。数字创新催生了许多新的行业和商业模式，如电子商务、移动支付、在线教育、远程医疗等。这些新兴行业和商业模式不仅带来了新的经济增长点，还为人们提供了更多的创业机会和就业岗位，为更多人提供了就业机会和创业空间。同时，数字创新在教育和技能培训领域扮演着重要角色，通过培养人们的数字技能，为他们提供更好的就业前景。数字创新使得数字技能的培养变得更加重要。许多学校和培训机构都提供了数字技能相关的课程和培训，帮助人们掌握数字技术，提高他们的就业竞争力。这种数字技能的培养为人们提供了更好的职业发展前景。

2. 数字创新可以帮助改善公共服务和提高社会管理的效率和质量，使更多人受益

数字技术的应用可以提升政府和公共机构的治理能力，改进公共服务

的提供方式，让人们更便捷地享受到教育、医疗、交通等基本服务。数字创新与包容式发展相辅相成，数字创新的推动有助于实现包容式发展的目标，让更多的人分享和获益于社会经济的发展成果。

📖 阅读材料

电商富农，坚持战略化推进乡村数字经济新业态

巴南区属于重庆主城都市区中心城区，是典型的大城市与大农村并存的城乡二元结构缩影。近年来，巴南区以习近平新时代中国特色社会主义思想、习近平总书记视察重庆重要讲话精神为指导，着力提升农村通信基础设施，擦亮"益农信息社"品牌，打造农村电商服务示范点，积极探索数字乡村新模式，努力为中西部地区乃至全国全面推进数字乡村发展贡献智慧、积累经验，取得了显著的成绩。其中，农村电商建设是巴南区迈向共同富裕的关键一步。

农村电商建设为农产品销售提供了广阔市场，特别是在新冠疫情影响下，线上销售、直播带货等新业态表现更是"火热"。巴南区通过打造优质优品、培育农村电商体系，有效应对疫情影响，降低农业产业损失，带动农民增收致富。一是不断做大做强品牌。围绕四大支柱产业，以"高品质、好价钱"为导向，强化品种、品质、品牌"三品"工程，全面推进农产品绿色优质发展。累计认证绿色农产品达 71 个，市级以上名牌农产品 25 个、农业品牌 50 个。二是着力建好建全网点。投入乡村振兴资金 230 万元，建设巴南区农产品线下展示中心 1 个、镇级电商服务中心 15 个、村级电商服务示范点 10 个，全区 23 个镇街电商服务网点实现全覆盖。三是引导线上线下销售。新冠疫情期间，引导各农业经营主体通过线上线下相结合的方式，利用微信群推广，把农产品配送到家，拓宽销路，将损失降到最低；先后组织区内企业参加三峡柑橘展、农产品进出口展等线上展会，促进产销对接。四是大力培训培养人才。面向全区电商服务站点负责人，开展电子商务应用培训，提升业务能力和水平；依托淘宝大学西南学院，加大对电商经营主体和电商经纪人的培养，为推动农村电商服务向深向实发展提供坚强的人才支撑。全区已建成一批有名有实的镇级电商销售平台。2021

年上半年，全区农产品电商销售额达到 2.3 亿元，发展势头良好。

资料来源：网信重庆．巴南：乡村振兴"换道超车"新路径：以数字赋能促共同富裕——网信 10 大创新案例（2021）之四［EB/OL］．（2022－01－21）［2024－04－11］. https：//mp．weixin．qq．com/s/0SXXFbrfTmGBEDzTw_0Xdw。

3．数字创新可能具有双刃剑效应

数字创新虽然可能会对包容式发展产生有利的一面，同时也可能对包容式发展产生不利的一面，影响包容式发展。因为数字创新可能会导致资本的过度集中，并导致包容式发展受阻。例如，数字创新容易催生巨型平台型企业，一些平台企业可能会利用其资本和资源优势，通过大规模的折扣和优惠活动等吸引消费者，控制市场和资源，从而与中小微企业甚至弱小商贩产生不正当和不公平竞争，导致资源浪费和社会贫富差距的扩大。此外，数字创新也可能加剧社会不平等。例如，大数据和人工智能技术的应用可能导致数据垄断和信息贫富差距的扩大，从而导致发展的不平等。因此，在推动数字创新的同时，尤其需要注重其包容性。这需要政府、企业和个人的共同努力。政府需要制定公平的法规和政策，确保所有人都能享受到数字创新的福利。企业需要承担社会责任，积极推广普惠技术。个人则需要不断提升自己的数字技能和素养。

8.5　数字创新与社会创业

8.5.1　社会创业的内涵及重要性

1．社会创业的内涵

从范围定位出发，社会创业是一种混合模式，既包括传统的非营利组织为了实现可持续发展逐步地引入一些营利性的活动，也包括传统的营利企业基于提高企业形象承担社会责任而开展的社会活动。从价值主张出发，社会创业和商业创业具有不同的价值主张。商业创业的价值主张是提供产品和服务，满足消费者的需求，创造经济价值。社会创业的价值主张是从解决社会问题和满足社会需求出发，创造产品或服务，创造经济价值、社会价值和环境价值，重点是社会价值；从问题解决的创新性出发，社会创业主要采用创新方法解决社会焦点问题，创新传统的商业手段来创造社会价值。

社会创业具有社会目标导向、创新性导向和市场化导向。其中，社会目标导向旨在以解决社会问题为创业活动的首要目标。其承认创业活动具有经济价值和社会价值双重价值属性，更加侧重于探讨创业者的社会动机；创新性导向强调采用创新性方法为社会问题提供解决方案。创新可以形成新的产品和服务、新的组织结构和运营流程以及新的物流和营销渠道等，以达到整合资源的目的。社会创业是创业者在识别机会和创新的基础上，不断履行社会使命的过程；市场化导向是指以实现社会价值为目标前提，强调依托市场化的模式和商业逻辑提高社会企业的专业性，即创业环境的市场化。

2. 社会创业的重要性

社会创业的重要性主要体现在以下几个方面：

（1）解决社会问题。社会创业致力于解决社会上存在的问题，如教育不平等、环境污染、贫困等。他们通过创新的方式，提供新的解决方案，进而推动社会问题的解决。

（2）创造就业机会。社会创业可以促进经济增长和创造就业机会。通过建立社会企业或非营利组织，社会创业者不仅为自己提供就业机会，还能够为社会提供就业岗位，帮助员工改善社会经济状况。

（3）促进可持续发展。社会创业注重可持续发展，追求社会、环境和经济的协调发展。社会创业致力于找到经济效益与社会效益的平衡点，通过创新的商业模式和可持续的经营方式，实现经济增长与环境保护的双赢。

（4）激发社会创新。社会创业能够激发社会创新，推动社会进步。社会创业者通过引入新的理念、技术和方法，改变传统的做法，鼓励社会中更多的人参与到解决社会问题的过程中。

总之，社会创业的重要性在于它能够带来积极的社会影响，推动社会进步和可持续发展。通过解决社会问题和促进创新，社会创业者成为社会变革的推动者，为建设更加和谐、繁荣和可持续的社会作出贡献。

8.5.2　数字创新对社会创业的推动作用

1. 社会问题对接智能化

数字创新技术为社会创业者提供了一个共享、通用的数字平台。该平台支持社会创业者产生想法、确定和分配资源、利用数字市场机会、收集信息和创新创造。他们可以通过数字技术平台的智能化匹配推荐系统，迅速准确地获得所需资源，尤其是资金和人力资源，缩短了传统的资源搜寻过程。对于社会创业的目标用户而言，数字技术为社会创业者提供了更多的工具和手段，使他们能够更好地了解用户需求，提供更加贴近用户需求的产品和服务，同时利用人工智能等技术找到更加智能化地应对社会问题的方法和手段，从而提高社会创业的成功率和社会问题解决的效率。总之，数字社会创业可以通过数据收集和分析、智能决策支持、创新服务模式和智能风险管理等方式实现社会问题对接的智能化，为社会问题的解决提供更加科学、高效、可持续的方法和手段。

2. 社会问题响应实时化

数字创新推动社会创业，促进了社会问题响应的实时化。社会创业者可以通过数字技术的应用、协作方式的改进和信息公开透明等手段，更加高效地解决社会问题，为社会的可持续发展和进步作出更大贡献。首先，社会创业通过数字技术的应用，可以更加快速地识别和解决社会问题。例如，利用大数据分析和人工智能算法，可以对社会问题进行更加准确和全面的分析，从而更快速地找到问题的根源和解决方案。其次，社会创业者可以通过数字平台和社交媒体等渠道，快速获取用户反馈和需求，并及时调整和优化产品及服务，以满足用户的实时需求。此外，数字创新可以提升社会创业的协作，促进了社会问题响应实时化的趋势。通过引入数字技术和实施数字创新，社会创业者通常能够以协同创新、开放共享和众包等方式进行合作，使不同领域的专业人士和组织能够共同解决社会问题。这种协作方式可以更快速地汇聚资源和智慧，从而更快速地响应社会问题。最后，数字社会创业通过数字化手段，可以更好地促进社会问题的公开透明。社会创业者可以通过数字平台和社交媒体等渠道，向公众公开信息和数据，让公众更好地了解社会问题的真实情况，从而更积极地参与到解决社会问题的过程中来。

3. 社会价值可视化

数字创新技术的去边界化使社会创业过程以及合作网络的边界逐渐模糊，从不可渗透和稳定的边界转变为日益多孔和流动的边界。数字社会创业可以促进社会价值的可视化，这种可视化不仅可以帮助社会创业者更好地评估自己的工作成果，还可以向外界展示社会问题的实际情况、社会创业的进展和影响力，从而进一步推动社会问题的解决和社会价值的实现。首先，数字社会创业可以通过数据采集和分析，量化社会问题的规模和影响。社会创业者可以利用大数据分析、统计模型等工具，收集和整理相关数据，从而更准确地了解社会问题的范围和程度。这些数据可以帮助社会创业者评估自己的工作成果，并向外界展示社会问题的实际情况。此外，数字社会创业还可以通过用户反馈和评价的收集，展示社会创业活动的效果和用户满意度。社会创业者可以利用数字平台上的用户评价、评论和推荐等功能，了解用户对其产品或服务的体验和意见。这些反馈可以帮助社会创业者改进和优化自己的项目，同时也为外界提供关于社会创业活动的可信证明。

4. 社会创业增长指数化

数字创新促进了社会创业增长的指数化。数字技术的普及和应用，提高了社会创业的效率和规模，激发了更多的社会创业动力，推动了社会创业的创新和升级。首先，数字技术提高了社会创业的效率和规模。数字技术的应用使得社会创业者可以更快速地获取信息、联系资源、开展活动。例如，社交媒体平台可以帮助社会创业者扩大影响力，吸引更多志愿者参与活动；云计算和大数据技术可以帮助社会创业者更好地管理和分析数据，提高决策效率。同时，数字技术也可以帮助社会创业者更快速地扩大规模，实现指数化增长。例如共享经济模式的出现，让社会创业者可以更快速地将自己的服务扩展到更广泛的用户群体中，从而实现指数化增长。其次，数字社会创业激发了更多的社会创业动力。数字社会创业的兴起，让更多的人意识到了通过创新和创业来解决社会问题的重要性。数字技术的普及和应用，让社会创业者可以更好地利用自己的技能和资源，为社会作出更多贡献。例如，一些数字化社会创业项目，如公益捐赠平台、社区服务平台等，受到了越来越多关注和支持，激发了更多人参与社会创业的热情。最后，数字社会创业推动了社会创业的创新和升级。数字技术的应用，不仅提高了社会创业的效率和规模，也带来了更多的社会创业机会和创新。例如，一些数字化社会创业项目，如智能健康管理平台、智慧城市建设等，都是基于数字技术的创新，为社会创业带来了更多的可能性。

📖 阅读材料

"飞鸡"飞出致富路

衢州市地处浙江省西部，地形以山地居多。麻鸡是龙游特产，与普通鸡不同，这种鸡能飞上树睡觉，能飞过池塘觅食，被村民和网友们戏称为"飞鸡"。麻鸡肉质特别鲜嫩，是城里人追捧的"绿色食品"，但一直销路不畅。

"龙游飞鸡"项目创始人针对龙游麻鸡销售难题，开发了"龙游飞鸡"垂直电商平台，通过"龙游飞鸡"电商平台，农户足不出户就能找到买家，消费者用手机就能实时看到"飞鸡"生长情况，每天麻鸡通过"次日达"等物流方式"飞"到城市里，探索出了通过社会创业实现精准扶贫的新模式。2021年10月，"龙游飞鸡"引入以区块链技术为基础的可信溯源服务。戴上脚牌后的养殖鸡，不仅可以实现农户信息、鸡苗、饲料、疫苗、饲养过程信息的自动收集和上链，还可以实现养殖时间、生长环境、养殖条件的透明可追溯，帮助农户降低养殖的成本和监管，同时掌握了整个养殖过程中的品控问题，让消费者更安心、放心。简单来说，通过物联网和人工智能等多重技术进行鸡只数据采集上传后，每一只"龙游飞鸡"都被建立了一份农产品"电子身份证"，只要扫描特定二维码，任何人都可以看到这样一只"龙游飞鸡"的相关信息，从而形成消费者对农户和产品信任提升的良性循环。

"龙游飞鸡"的新养殖模式已成功帮助3500多户国家级贫困户脱贫致富，实现每个家庭年均增收1万~2万元，实现共富产业链高质量发展，多维度打造全国数字农业新模式。公司荣获浙江省新零售示范企业、浙江省农业供应链试点企业，并被国务院扶贫办、全国工商联作为乡村振兴、精准扶贫的经典案例在全国推广。

资料来源：吴宏林，余云全.【我们的小康】浙江衢州："飞鸡"飞出致富路"花海"开出幸福花［EB/OL］.（2020－08－17）［2024－04－11］.https：//mp.weixin.qq.com/s/tozjBuRzgrg0iEgJGHZgUw。

思考与练习

1. 信息安全方面常见的主要问题有哪些？信息安全与数字创新有何关系？
2. 数字创新可能会引发哪些伦理道德问题的发生？
3. 绿色发展为什么很重要？如何通过数字创新推动绿色发展？
4. 什么是包容式发展？数字创新与包容式发展有何联系？
5. 数字创新是如何影响社会创业的？

延伸阅读

[1] 彭庆希. 关于共享经济中资金与信息安全问题的思考 [J]. 财经界，2023 (23)：18-20.

[2] 梁正. 跨境数据流动中的信息安全问题探究. 人民论坛 [J]，2023 (17)：38-41.

[3] 陈子薇. 创业伦理：问题、审视与对策 [J]. 科技管理研究，2020，40 (4)：263-267.

[4] 黄继承，朱光顺. 绿色发展的中国模式：政府采购与企业绿色创新 [J]. 世界经济，2023 (11)：54-78.

[5] 黄宁莺，郭为桂. 社会融合视角下的包容性城市发展问题研究——以福州市农民工为对象的实证调查 [J]. 福建论坛 (人文社会科学版)，2013 (11)：151-157.

[6] 王一鸣. 百年大变局、高质量发展与构建新发展格局 [J]. 管理世界，2020，36 (12)：1-13.

[7] 李实，朱梦冰. 推进收入分配制度改革 促进共同富裕实现 [J]. 管理世界，2022，38 (1)：52-62.

[8] 方晓明，张龙. 体验式学习：斯坦福大学社会创业教育的经验与启示 [J]. 中国高教研究，2023 (8)：73-79.

参考文献

[1] 保罗·特罗特. 创新管理与新产品研发 [M]. 焦豪, 陈劲, 等译. 北京: 机械工业出版社, 2022.

[2] 陈劲, 郑刚. 创新管理: 赢得持续竞争优势 [M]. 3版: 北京: 北京大学出版社, 2016.

[3] 陈娟, 奚楠楠, 宁昌会, 等. 虚拟现实营销研究综述和展望 [J]. 外国经济与管理, 2019, 41 (10): 17-30.

[4] 陈雪. 数字产品研究综述 [J]. 天中学刊, 2007, 22 (2): 69-71.

[5] 陈宇晨等. 数字制造与数字装备 [M]. 上海: 上海科学技术出版社, 2011.

[6] 丁红乙, 成琼文. 数字化创新、企业家精神与制造企业绿色发展 [J]. 科研管理, 2024, 45 (1): 84-97.

[7] 董晓芳, 樊祥嘉, 宋彩凤. 我国数字农业生态效率测度及时空演进分析 [J]. 统计理论与实践, 2023 (8): 3-9.

[8] 冯之浚, 周荣. 低碳经济: 中国实现绿色发展的根本途径 [J]. 中国人口·资源与环境, 2010, 20 (4): 1-7.

[9] 郭顺生. 数字制造资源智能管控 [M]. 武汉: 武汉理工大学出版社, 2016.

[10] 黄勤, 杨爽. 通过产业转型升级加快推进新型城镇化建设 [J]. 经济纵横, 2014 (1): 44-47.

[11] 贾微微, 别永越. 网红经济视域下的影响者营销: 研究述评与展望 [J]. 外国经济与管理, 2021, 43 (1): 23-43.

[12] 李恒. 论精准扶贫战略下中国高校开展包容性创业教育的理论路径 [J]. 山东行政学院学报, 2020 (1): 116-123.

[13] 刘思华, 方时姣. 绿色发展与绿色崛起的两大引擎——论生态文

明创新经济的两个基本形态［J］．经济纵横，2012（7）：38－43．

［14］刘洋，董久钰，魏江．数字创新管理：理论框架与未来研究［J］．管理世界，2020，36（7）：198－217，219．

［15］刘洋，应震洲，应瑛．数字创新能力：内涵结构与理论框架［J］．科学学研究，2021，39（6）：981－984，988．

［16］刘志阳，赵陈芳，李斌．数字社会创业：理论框架与研究展望［J］．外国经济与管理，2020，42（4）：3－18．

［17］娄延强．人工智能的伦理困境与正解［J］．道德与文明，2022（1）：131－139．

［18］吕琳．数字化制造技术国内外发展研究现状［J］．现代零部件，2009（3）：76－79．

［19］罗垂敏．数字化制造技术［J］．电子工艺技术，2007（1）：52－54．

［20］庞瑞芝，张帅，王群勇．数字化能提升环境治理绩效吗？来自省际面板数据的经验证据［J］．西安交通大学学报（社会科学版），2021，41（5）：1－10．

［21］乔·蒂德，约翰·贝赞特．创新管理［M］．北京：中国人民大学出版社，2020．

［22］邱耕田，张荣洁．论包容性发展［J］．学习与探索，2011（1）：53－57．

［23］宋雷．现代信息技术环境中的信息安全问题及其对策［J］．科技风，2023（16）：69－71．

［24］王刊良．数字化产品的经济特征、分类及其定价策略研究［J］．中国软科学，2002（6）：1002－9753．

［25］王新成，李垣．首席信息官、企业领导者与企业数字创新［J］．科技进步与对策，2022，39（13）：83－93．

［26］王永贵，洪傲然．营销战略研究：现状、问题与未来展望［J］．外国经济与管理，2019，41（12）：74－93．

［27］王战平，崔艳红．数字产品及其营销策略研究［J］．现代情报，2005（9）：28－30．

［28］魏江，刘洋，等．数字创新［M］．北京：机械工业出版社，2021．

［29］魏江，王颂，等．企业创新生态系统［M］．北京：机械工业出版

社，2023.

[30] 邬晓霞，张双悦. "绿色发展"理念的形成及未来走势 [J]. 经济问题，2017 (2)：30 – 34.

[31] 吴贵生，王毅. 技术创新管理 [M]. 北京：清华大学出版社，2009.

[32] 谢卫红，林培望，李忠顺，等. 数字化创新：内涵特征、价值创造与展望 [J]. 外国经济与管理，2020，42 (9)：19 – 31.

[33] 徐虹，张妍，翟燕霞. 社会创业研究回顾与展望 [J]. 经济管理，2020，42 (11)：193 – 208.

[34] 闫俊周，姬婉莹，熊壮. 数字创新研究综述与展望 [J]. 科研管理，2021，42 (4)：11 – 20.

[35] 杨平，廖宁波，丁建平. 数字化制造概论 [M]. 北京：国防工业出版社，2005.

[36] 杨新梅. 中国城市绿色发展研究：理论、测度与影响因素 [D]. 南昌：江西财经大学，2022.

[37] 叶海燕，袁国军，袁杰. 我国绿色发展研究现状及展望——基于 CiteSpace 的文献计量分析 [J]. 皖西学院学报，2023，39 (3)：69 – 74.

[38] 于时雨. 中国共产党求索全体人民共同富裕的实践历程与路径选择 [D]. 长春：吉林大学，2023.

[39] 张帆，刘新梅. 网络产品、信息产品、知识产品和数字产品的特征比较分析 [J]. 科技管理研究，2007 (8)：251 – 253.

[40] 张凤艺. 浅析科学发展观视域下的包容式发展 [J]. 学理论，2014 (5)：18 – 19.

[41] 张宇东，张会龙. 消费领域的元宇宙：研究述评与展望 [J]. 外国经济与管理，2023，45 (8)：118 – 136.

[42] 赵超. 数字创新生态系统的生成理路与运行逻辑 [J]. 湖南社会科学，2023 (4)：65 – 75.

[43] 周常青. 数字化产品与数字产品辨析 [J]. 合作经济与科技，2010 (12)：122 – 123.

[44] Ahmed P K, Shepherd C D. Innovation Management：Context, Strategies, Systems, and Processes [M]. Pearson, 2010.

［45］ Chang W, Taylor S A. The effectiveness of customer participation in new product development: a meta-analysis ［J］. Journal of Marketing, 2016, 80 (1): 47 – 64.

［46］ Cooper R G. Winning at New Products: Accelerating the Process from Idea to Launch ［M］. Cambridge: Perseus books, 2001.

［47］ Dabić M, Posinković T O, Vlačić B, Gonçalves R. A configurational approach to new product development performance: the role of open innovation, digital transformation and absorptive capacity ［J］. Technological Forecasting and Social Change, 2023 (194): 122720.

［48］ Dahan E, Srinivasan V. The predictive power of internet-based product concept testing using visual depiction and animation ［J］. Journal of Product Innovation Management, 2000, 17 (2): 99 – 109.

［49］ Gawer A. Bridging differing perspectives on technological platforms: toward an integrative framework ［J］. Research Policy, 2014, 43 (7): 1239 – 1249.

［50］ Gawer A, Cusumano M A. Industry platforms and ecosystem innovation ［J］. Journal of Product Innovation Management, 2014, 31 (3): 417 – 433.

［51］ Gawer A. Platforms, Markets and Innovation ［M］. Cheltenham, UK, Edward Elgar Publishing, 2011.

［52］ Griffin A, John R H. The voice of the customer ［J］. Marketing Science, 1993, 12 (1): 1 – 27.

［53］ Jacobides M G, Cennamo C, Gawer A. Towards a theory of ecosystems ［J］. Strategic Management Journal, 2018, 39 (8): 2255 – 2276.

［54］ Mei J, Zheng G, Zhu L. Governance mechanisms implementation in the evolution of digital platforms: a case study of the internet of things platform ［J］. R&D Management, 2022, 52 (3): 468 – 516.

［55］ O'Mahony S, Karp R. From proprietary to collective governance: how do platform participation strategies evolve? ［J］. Strategic Management Journal, 2022, 43 (3): 530 – 562.

［56］ Roussel P A, Saad K N, Erickson T S. Third Generation R&D ［M］. Harvard Business School Press, 1991.

［57］ Souder W E. Management Decision Methods for Managers of Engineering and Research ［M］. New York: Van Nostrand Reinhold, 1980.

［58］ Tiwana A. Platform Ecosystems: Aligning Architecture, Governance, and Strategy ［M］. San Francisco, USA, Morgan Kaufmann Publishers Inc, 2013.

［59］ Ulrich K T, Eppinger S D, Yang M C. Product Design and Development ［M］. Boston: McGraw-Hill Higher Education, 2008.

［60］ Yoo Y, Henfridsson O, Lyytinen K. Research commentary—the new organizing logic of digital innovation: an agenda for information systems research ［J］. Information Systems Research, 2010, 21 (4): 724 –735.